Doris Stempfle

Alle doof, außer mich!

Über die Lust (Last),
andere Menschen besser zu verstehen

Illustriert von Timo Wuerz

BREUER & WARDIN
Verlagskontor

CIP – Titelaufnahme der Deutschen Bibliothek

Doris Stempfle
Alle doof, außer mich!
ISBN 978-3-939621-36-2
2. Auflage 2011

Text: Doris Stempfle
Projektleitung: Heiko Breuer, Bodo Wardin
Redaktion: Alexander Maria Faßbender
Lektorat: Ingrid Wardin
Gestaltungskonzept: BREUER & WARDIN Verlagskontor
Satz: The Communicator, BREUER & WARDIN Verlagskontor
Covermotiv: Timo Wuerz
Illustration: Timo Wuerz

BREUER & WARDIN
Verlagskontor GmbH
Zum Scheider Feld 12
51467 Bergisch Gladbach
Hotline: +49 (0)1805 436 436
(14 Cent pro Minute aus dem dt. Festnetz;
maximal 42 Cent pro Minute aus den Mobilfunknetzen)
kontakt@verlagskontor.com
www.verlagskontor.com

Printed in Europe
ISBN 978-3-939621-36-2

Inhaltsverzeichnis

Inhaltsverzeichnis

Inhaltsverzeichnis

Vorwort

Warum einfach, wenn es auch kompliziert geht? Diese Frage geht einem unwillkürlich durch den Kopf, wenn man sich — versuchsweise — einmal mit den gängigen Modellen zur Erklärung der verschiedenen Menschentypen befasst.

Jeder Mensch ist anders und im Versuch, allen, immer, überall gerecht zu werden, wurden Persönlichkeitstypen aus der Taufe gehoben, die aufgrund ihrer Anzahl und Komplexität schlicht mehr Verwirrung hinterlassen, als dass sie tatsächlich eine Hilfe bieten. Da gibt es Tabellen, Grafiken und Handlungsempfehlungen ohne Ende, nur leider bleibt einem im Alltag kaum Gelegenheit, die betreffenden Personen derart aufwändig zu analysieren.

Entsprechend misstrauisch stand ich daher anfangs dem Manuskript „Alle doof, außer mich!" von Doris Stempfle gegenüber. Wobei allerdings schon der Titel ahnen ließ, dass mich hier wohl ein neuer Ansatz überraschen würde. Und meine Ahnung wurde nicht enttäuscht. Die Autorin ist so mutig, ihren Leserinnen und Lesern eine gewisse Grundintelligenz zu unterstellen, die eine sinnlose Unterteilung der Menschen in Grundtypen, Untertypen und Unter-Untertypen schlicht überflüssig macht.

Frisch aus dem Leben gegriffen werden drei Menschen in ihren Eigenarten und Merkmalen in einer derart humorvollen Art beschrieben, dass nach dem Schmunzeln tatsächlich ein Lerneffekt zu bemerken ist. Eine besonders amüsante Note bekommt das Buch dadurch, dass alle verwendeten Beispiele tatsächlich aus Begegnungen der Autorin mit ihren Mitmenschen stammen. Wobei Doris Stempfle aufgrund ihrer erfolgreichen Tätigkeit als selbständige Beraterin, Coach und Unternehmerin hierzu definitiv reichlich Gelegenheiten hatte.

Allen die bislang daran scheiterten, die Legion vorstellbarer Persönlichkeitstypen auf ihre persönliche Umwelt zu übertragen, kann ich daher diesen pragmatischen und praxisorientierten Ratgeber sehr empfehlen. Der Schwerpunkt des Buches liegt sicherlich nicht auf der Vollständigkeit der Aussagen. Dafür ist es unterhaltsam und vor allem verständlich. Es ist wie in der Musik. Das Grundthema wird klar vorgegeben, aber für die Zwischentöne bleibt die Leserin/der Leser selbst verantwortlich. Auch dafür ein großes Danke an die Autorin.

Ich wünsche der Autorin Doris Stempfle und ihrem Buch viel Erfolg und den Leserinnen und Lesern viel Freude bei der Lektüre.

Bodo Wardin

Bodo Wardin

- Verleger -

„Warum finden viele,
dass ich das Leben
zu einfach sehe?"

?

„Weshalb wollte ich Kinder,
obwohl ich immer wusste,
dass sie mich in meinem Leben
einschränken werden?"

?

„Warum mochten mich nicht alle Kinder?"

„Weshalb haben meine Kollegen
schneller einen Abschluss
im Verkauf bekommen als ich?"

?

„Wieso sind mir Freundschaften
auf der weiten Welt wichtiger
als in unmittelbarer Nähe?"

„Warum ging die Ehe meiner Eltern
in die Brüche,
obwohl sie sich doch
mal geliebt haben?"

„Weshalb habe ich schon immer
das Verlangen gehabt,
alles, was gerade Bestand hatte,
zu verändern?"

„Weshalb bin ich in meinem
Leben schon 14 Mal
umgezogen?"

?

„Warum habe ich mir
immer wieder
Männer ausgesucht,
die sich ähnlich waren?"

„Wieso konnten meine Kollegen
höhere Summen
in der Versicherung schreiben,
während ich versucht habe,
den genauen Bedarf zu ermitteln?"

„Wieso kann ich jetzt
über ein und dieselbe Sache
so denken und gleich anders?"

?

„Wieso möchte ich Freundschaften schließen,
lehne sie jedoch ab?"

?

„Wieso schaue ich heute noch
in allen Plattformen nach,
ob ich alte Bekannte
aus der Kinderzeit finde?"

„Wieso gehe ich oft unkonventionelle Wege?"

?

„Wieso fahre ich immer
ein großes Auto?"

Auflösung gibt es ab Seite 168

Wieso dieses Buch?

Anfang der 90er Jahre machte ich eine Ausbildung zum Verkaufs- und Vertriebstrainer. Ich wurde von Firmen eingekauft, die mein Wissen und mein Können für ihre Firmen einsetzen wollten. Von diesem Moment an begann ich, die Teilnehmer der Seminare nicht nur zu beobachten, sondern ich schrieb auch das, was ich beobachtete, auf und analysierte es. Ohne dass ich es wollte, entstand auf diese Weise eine Art Nachschlagewerk der verschiedenen Typen.

Ich war auf den „Typ" gekommen, wurde neugierig und begann zu lesen und zu lernen. In der folgenden Zeit besuchte ich viele Seminare, die sich mit Menschenkenntnis beschäftigten.

Da Sie dieses Buch in Ihren Händen halten und lesen, gehe ich davon aus, dass auch Sie mehr über sich erfahren möchten, um dann Ihre Bekannten, Verwandten, Kollegen und Freunde besser verstehen zu können.

Um Ihnen den Einstieg in die verschiedenen „Typen" zu erleichtern, habe ich auf Basis meiner Erfahrungen und meines gesammelten Wissens, die doch sehr vielfälltigen Verhaltensmuster meiner Mitmenschen in drei „Haupt-Typen" zusammengefasst.

Damit Ihnen das Lesen ein wenig Spaß macht, habe ich meinen „Typen" auch Namen gegeben und Timo Wuerz hat ihnen mit seinen herrlichen Zeichnungen Leben eingehaucht:

Eleonore
Der Tatenmensch

Martin
Der Gefühlsmensch

Volkmar
Der Kopfmensch

Natürlich fand ich diese Menschen nie in Reinkultur vor. Aber immer fand ich Übereinstimmungen, ganz besonders dann, wenn meine „Typen" unter Stress gerieten. Unter Stress zeigen Menschen ihre Eigenarten viel deutlicher, weil sie weniger Handlungsmöglichkeiten haben. Zeit macht erfinderisch, Druck jedoch nicht.

Dieses persönliche Urverhalten ist uns von der Geburt an gegeben und ist nicht veränderbar. Natürlich werden Sie jetzt vielleicht sagen, dass das nicht stimmt. Es ist jedoch wirklich nachgewiesen, dass Menschen, die unter Druck, Stress stehen, tatsächlich immer nach ihren eigenen Verhaltensmustern reagieren, die in ihnen verankert sind.

Sie können nur über den Kopf, sprich über Gedanken, ihr Verhalten steuern. Und das ist in Stress-Situationen in den seltensten Fällen möglich. Stress entsteht beim Fällen von Entscheidungen. Also auch, wenn Sie sich etwas zum Anziehen kaufen, wenn Sie ins Konzert gehen, wenn Sie zum Chef rein müssen, also fast immer. Sie stehen dann unter Druck.

Achtet man in Gesprächen zudem auf die Wortwahl, Mimik und Gestik, dann kann man sehr schnell die Art und Weise des Denkens und Handelns seiner Mitmenschen erkennen.

Natürlich gab es Situationen, in denen mir meine Seminar-Teilnehmer etwas vorspielen wollten. Egal aus welchem Grund. Dennoch gelang es ihnen nicht wirklich, ihre grundlegenden Verhaltensmuster vor mir zu verbergen.

Um den Rahmen dieses Buches nicht zu sprengen, konnte ich nicht alle Lebenssituationen und Erkennungsmerkmale aufführen. Aus diesem Grund habe ich eine Internetseite eingerichtet, auf der Sie mir Ihre Fragen und Wünsche schreiben können, um gemeinsam eventuelle Lücken füllen zu können...

www.alle-doof-ausser-mich.de

Wer bin ich und in welchen Schubladen stecke ich?

Damit Sie von diesem Buch bestmöglich profitieren, ist es zunächst wichtig, dass Sie sich kritisch betrachten und hinterfragen, wo Ihre Stärken und Schwächen liegen. Erst danach kommen die anderen an die Reihe. Sie werden schnell herausfinden, von welchen Eigenschaften Sie am meisten, von welchen Sie weniger gelenkt werden und was Sie gar nicht mögen und verstehen.
Bestimmt merken Sie auch gleich, dass Sie viele Verhaltensmuster schon immer wahrgenommen haben. Vielleicht konnten Sie bisher nicht so darauf reagieren. Jetzt haben Sie aber die Möglichkeit, wenn Sie das Buch gelesen haben, durch Ihr Wissen Streit zu vermeiden und dadurch schneller ans Ziel zu kommen und glücklicher zu leben.

Das waren für mich die Hauptgedanken, weshalb ich mich mit dem Thema „Mensch" sehr intensiv beschäftigt und nun dieses Buch geschrieben habe.

Ich wollte glücklicher leben, ohne alles grübelnd zu hinterfragen, zu streiten und immer Recht haben zu müssen.

Wer steckt in mir? - Einsichten

Da ich sehr viel von Martin und Eleonore habe, aber Volkmars Eigenschaften gerade nur so vorhanden sind, dass ich überleben kann, musste ich natürlich sehr an mir arbeiten.

Die Eigenschaften von Eleonore haben mein Leben zwar aufregend und abwechslungsreich gestaltet, aber ich habe auch sehr viel Schiffbruch erlitten und viel „Porzellan zerschlagen".

Die Eigenschaften von Martin haben mir immer wieder gezeigt, wo ich meine Wurzeln habe und haben mich darauf zurückbesinnen lassen, dass es auch noch andere Menschen neben mir gibt.

So schlagen oft zwei Herzen in meiner Brust. Sie kennen das bestimmt auch. Der Kopf sagt: „Ja, mach es!", weil die Eigenschaften von Eleonore sich durchsetzen wollen, das Herz oder der Bauch sagt: „Nein", weil sich die Eigenschaften von Martin durchsetzen möchten.

Erst wenn Sie sich analysiert haben, ist es sinnvoll, mit Ihren gezielt eingesetzten Handlungsweisen zu beginnen. Vielleicht kommt Ihnen jetzt die Frage, ob das überhaupt geht, sich auf den anderen einzustellen, wenn man eine andere Veranlagung hat. Ob man dann nicht unglaubwürdig wirkt. Nein! Ich bin das lebende Beispiel dafür.

Mein Mann Lothar hat viele Eigenschaften von Eleonore aber auch gleich viele von Volkmar. Am wenigsten hat er von Martin. Wenn ich also was von ihm will, kann ich natürlich nicht mit den Eigenschaften von Eleonore argumentieren, da bei ihm dann sofort die Signale angehen – Achtung du musst um deinen „Platz" kämpfen. Die Idee stammt nicht von dir –. Und sehr schnell bekomme ich ein „Nein" für meinen Vorschlag.

Wenn ich mit den Eigenschaften von Martin argumentiere, dann finde ich deshalb kein Gehör, weil ich ihm viel zu weich, zu ausschweifend zu ungenau und nicht mit Vorteilen belegt erkläre. Also muss ich die Worte so suchen, dass ich die Eigenschaften von Volkmar treffe.

Auch wenn mir dies besonders schwerfällt.

Natürlich geht das nicht immer gut. Ich habe in meinem Berufsleben schon so manche Niederlage einstecken müssen. Obwohl ich gelernt habe, den anderen so anzusprechen, dass er mich versteht und wir grundsätzlich übereinstimmen.

Übrigens: Wenn Ihnen die Handlungen meiner Personen zu übertrieben erscheinen, dann habe ich mein Ziel erreicht. Ich wollte meine „Typen" absichtlich überzeichnet darstellen, damit Sie für sich, z.B. auf einer Skala von 0 bis 100 abwägen können, wie extrem der jeweilige „Typ" bei Ihnen oder bei der Person, die Sie gerade vor Augen haben, tatsächlich ausgeprägt ist.

Ich freue mich auf Ihre Fragen und Ihr Feedback.

Viel Spaß und gute Erkenntnisse
Ihre **DORIS STEMPFLE**

MARTIN
DER GEFÜHLSMENSCH

Wie er lebt

Martin ist ein Team- und Familienmensch. Er liebt seine Familie und kann gar nicht verstehen, dass Menschen freiwillig ein Single-Dasein führen wollen. Zu seinem Glück gehören eine Frau und Kinder.

Gerne kümmert sich Martin um seinen Nachwuchs, wenn er nach Hause kommt. Das ist auch der Grund, warum er so ungern Überstunden macht und sie erst dann zusagt, wenn er mit seiner Frau gesprochen hat und alle Familienbelange dadurch geklärt sind.

Martin muss immer alles mit seiner Frau absprechen. Nicht, weil er abhängig ist, sondern es gehört für ihn zur guten familiären Klimapflege.

Martin liebt es, in einer harmonischen Gemeinschaft zu leben, und er liebt es, auf die Geburtstagsfeiern seiner Familie zu gehen. Selbst wenn er seine Verwandtschaft mehrmals im Monat sieht, stört ihn das nicht. Zur weiteren Familie zählen gute Freunde, Cliquen und Vereine.

Erst letztes Jahr hat er das Vereinsheim des Tennisclubs gemietet und alle Tanten, Onkel, Cousinen und Cousins mit ihren Kindern eingeladen. Martin war überglücklich und auch seine Eltern und Schwiegereltern fanden die Feier sehr gelungen. Nach diesem schönen Fest beschloss Martin, dieses Familientreffen alle zwei Jahre zu wiederholen. Wenn es nach ihm ginge, könnte das auch jedes Jahr sein, aber es gab ein paar Familienmitglieder, denen dies dann doch zu häufig war.

„Menschen wie Martin sind Familienmenschen und integrieren sich in Teams."

Martin mag es überhaupt nicht, wenn er aus seiner Routine gerissen wird. Er empfindet das als Bedrohung und kommt dann nicht mehr mit der Agenda des Tages zurecht.

Erst letzte Woche geschah es, dass seine Frau beim Putzen wohl den Wecker verstellt hatte. Sie wachten 5 Minuten später als sonst auf. Für Martin fing der Tag so ganz fürchterlich an. Er stand zu schnell aus dem Bett auf und schon brach der Kreislauf zusammen. Da Martin einige Tage zuvor seine Frau darum gebeten hatte, nicht mehr die Kleidung für den kommenden Tag zu richten, stand er nun verzweifelt vor dem Schrank und fand nichts zum Anziehen.

An diesem Morgen war es für ihn nicht möglich, das Frühstück in Ruhe zu genießen, obwohl er nur 5 Minuten verschlafen hatte. Also stürzte er seinen Kaffee hinunter, packte seine Pausendose in die Tasche und hetzte zur Arbeit. Dort musste er natürlich allen Mitarbeitern - ob sie es wissen wollten oder nicht - erzählen, dass der Tag ganz fürchterlich begonnen hatte.

Dieser schlechte Start in den Tag ließ Martin den ganzen Tag nicht los. Immer wieder musste er an das schreckliche Aufwachen denken, es passierten ihm daraufhin dauernd kleine Fehler, die er geduldig hinnahm, weil der Tag nicht anders sein konnte, hatte er doch so mies angefangen. (In der Fachsprache nennt man dies SEP = selbsterfüllende Prophezeiung)

„Menschen wie Martin

mögen es nicht ....

.........aus ihren Routinen

gerissen zu werden.“

Martin hat seine eigene Wertewelt

Für ihn ist es wichtig, sich den gesellschaftlichen Normen anzupassen und seine eigene Meinung nicht öffentlich zu vertreten. Er will nicht auffallen und ordnet sich oftmals und leicht unter. Wenn es mal wieder ein Meeting in der Firma gibt, schließt sich Martin der vorherrschenden Meinung an. Zum Glück ist seine Bürogemeinschaft so aufeinander eingestimmt, dass er mit seinen Kollegen danach gut noch mal alles neu diskutieren kann.

Sein Chef wundert sich oft, dass die Mitarbeiter nach dem Meeting anders reagieren als im Meeting selbst. Noch weiß er nicht, dass in seiner Mannschaft einige Gefühlsmenschen arbeiten, die ihre Meinung nur im kleinen Kreis und ohne Führungskraft vertreten.

„Menschen wie Martin passen sich gesellschaftlichen Normen an, um nicht aufzufallen."

Letzten Monat hatte Martin Geburtstag und hat von allen Gästen Geld geschenkt bekommen, weil er sich Teile für seine teure Eisenbahnanlage kaufen wollte.

Über das Geld hat er sich sehr gefreut, denn es fehlte ihm noch eine ganz bestimmte Lokomotive zu seinem Glück.

Aber dann meldete seine Tochter einen Wunsch an und er erinnerte sich, dass seiner Frau eine hübsche Bluse im Katalog gefallen hatte.

Mit seinem Geburtstagsgeld in der Tasche war es ihm gut möglich, den beiden eine Freude zu machen. Ehe Martin sich versah, hatte er sein Geldgeschenk auf andere Köpfe verteilt. Dass für ihn nur noch wenig übrig blieb, störte ihn nicht. Für ihn zählte nur die Freude seiner beiden Damen.

„Menschen wie Martin teilen gerne,
wenn sie anderen eine Freude machen können“

Es ist noch gar nicht lange her, dass es in Martins kleiner Familie einen heftigen Streit gab.

Martins Frau hatte etwas falsch verstanden. Martin litt unter der Anspannung ganz fürchterlich, denn seine Frau war der Meinung, dass Martin Schuld an der Auseinandersetzung hatte. Es dauerte nicht lange und auch Martin war davon überzeugt, dass er die Schuld an Zoff und schlechter Laune trug.

„Entschuldige, es ist meine Schuld, dass wir uns streiten," versuchte er seine Frau zu versöhnen. „Lass uns wieder gut miteinander sein."

Und endlich gab seine Frau nach und seine heile Welt war wieder in Ordnung.

„Menschen wie Martin nehmen bei einem Streit oft die Schuld auf sich."

Sachlichkeit

Wenn Martin morgens ins Büro kommt, kocht er für alle Kollegen den Kaffee.

Eines Tages war sein Chef vor ihm im Büro und machte sich seinen Kaffee selbst. Und das, obwohl Martin sich doch jeden Morgen so viel Mühe gibt, ihm das Kaffeetablett nett herzurichten! Er zweifelte augenblicklich an seinen Fähigkeiten.

Er erkundigte sich bei allen Kollegen, ob er wohl einen Fehler gemacht hatte. Martin kam gar nicht auf den Gedanken, dass sein Chef einfach einen Kaffee trinken wollte. Und da keiner da war, hatte er ihn sich eben selbst gekocht.

„Menschen wie Martin können das Sachliche nicht vom Persönlichen trennen.“

Gefühle

Martin mag andere Menschen und geht gerne auf sie zu. Er hat einen großen Freundeskreis, um den er sich redlich kümmert. Wenn einer seiner Freunde Kummer hat, dann ist Martin für ihn da und hilft, wo er helfen kann.

Wenn Martin einmal mit einem Freund in die Stammkneipe geht, dann passiert es oft, dass er mit anderen Leuten, die er noch nie gesehen hat, ins Gespräch kommt.

Zu Hause erzählt er dann freudestrahlend, was er erlebt hat und wen er kennenlernen durfte. Vielleicht hat er auch schon ein neues Treffen vereinbart, bei dem sich dann die dazu gehörigen Ehefrauen kennenlernen können.

Martins Frau ist zwar oftmals verwundert, dass er bereits von einem Freund spricht, obwohl er diesen Menschen doch erst vor Kurzem kennenlernte, aber andererseits kennt sie ihren Martin gut genug und freut sich für ihn, dass sein Freundeskreis wieder größer geworden ist.

„Menschen wie Martin schließen schnell Kontakt mit fremden Menschen und bezeichnen diese dann sofort als Freunde.“

Martin liebt die Harmonie und geht möglichst jedem Streit aus dem Weg. Aber vor einigen Tagen kam es erneut zu einer Auseinandersetzung mit seiner Frau.

Sie konnten die Diskussion bis zu seinem Arbeitsbeginn nicht schlichten. Martin musste alle düsteren Gedanken mit ins Büro nehmen. Keinen einzigen klaren Gedanken konnte er fassen.

Von Konzentration nicht die geringste Spur! Seine Kollegen sahen ihm die Belastung sofort an, aber alle hatten an diesem Tag viel zu tun. Einer von ihnen gab schließlich dem Chef einen Hinweis, dass Martin seelisch so gar nicht aus den Puschen kam. Dieser bat Martin zu einem Gespräch und ließ sich die Geschichte von Martins Konflikt erzählen. Er bat Martin dann, einige unkomplizierte Aufgaben, die unbedingt gemacht werden mussten, zu erledigen und Martin versprach, dass er auf jeden Fall das und auch noch weitere Aufgaben erledigen würde.

Er erledigte unter Aufwendung starker Konzentration die Arbeit und war dann heilfroh, als er abends nach Hause gehen konnte, um den Streit endlich zu beenden.

Martin war stolz auf sich, dass er bei seinem Chef nicht in Tränen ausgebrochen war. Es war ihm sehr schwergefallen, denn Martin ist sehr nah „am Wasser gebaut". Berührt ihn etwas, dann laufen auch schon die Tränen.

„Menschen wie Martin sind „nahe am Wasser" gebaut. Sie haben ihre Tränen nicht sehr unter Kontrolle."

Martin wollte eigentlich einen sozialen Beruf ergreifen. Aber seine Eltern waren dagegen, weil sie Angst hatten, dass Martin mit seinem Verdienst keine Familie ernähren könnte.

Martin war damals einsichtig und gab seinen Eltern nach. Doch nun, erwachsen geworden, überlegt er sich, wo er nach Feierabend helfen könnte. Er ist Mitglied beim Deutschen Roten Kreuz geworden und macht sich dort nützlich. Manchmal musste er schon als Sanitäter zu Fußballspielen gehen. Dort musste er miterleben, wie sich rivalisierende Banden prügelten. Das hat ihn ganz schön mitgenommen, denn Martin glaubt an das Gute im Menschen. Und da die Realität nicht so gut ist, wie Martin es sich wünscht, träumt er sich tagsüber oft das Leben schön.

„Menschen wie Martin sind sehr sozial veranlagt und wollen die Realität manchmal nicht akzeptieren. Deshalb verfallen sie gerne in Tagträumereien.“

In seine Tagträumerei verfällt Martin auch dann gerne, wenn er sich mit neuen Situationen befassen muss. Dann spricht er sich gut zu und führt heimlich Selbstgespräche, in denen er sich die Situation positiv und schön redet. Schafft er es nicht alleine, das Positive zu finden, dann erkundigt er sich bei seinen Freunden. Einen findet er immer, der von guten Erfahrungen erzählen kann.

Die Erfahrungen der „Anderen" spielen für Martin immer eine sehr große Rolle. Er holt sich gerne eine zweite Meinung ein, um auch alles bedacht zu haben, damit er ja nicht auffällt oder gar im Mittelpunkt steht.

Martins Umgang mit dem Wort „Nein"

Martin hat ein großes Problem. Er kann nicht N E I N sagen.

Er weiß sich manchmal nicht zu helfen. Da gibt es eine Kollegin in der Nachbarabteilung, die ist sehr schön anzuschauen und kann auch sehr nett sein, wenn sie etwas braucht. Alle bewundern sie, finden sie toll, und sie weiß immer etwas zu erzählen. Wenn diese Kollegin ihn mit traurigem Blick um Unterstützung bittet, dann sagt Martin sofort JA. Obwohl sie vieles gut allein erledigen könnte. Martin vermutet manchmal, dass sie einfach nur bequem ist.

Einmal nahm Martin seinen ganzen Mut zusammen und sprach mit vielen Erklärungen ein N E I N aus. Sofort tat es ihm leid, weil der Blick der Kollegin nun noch hilfloser wurde. Also hat er doch ihre Arbeit übernommen und das, obwohl sein eigener Schreibtisch vor Aufgaben und Mappen überquoll.

Gedanken

Neulich sagte ein Kollege aus einer anderen Abteilung, dass Martin nicht so oft in vergangenen Situationen schwelgen sollte. Martin kann aber nicht anders. Früher war nun einmal alles anders, besser, schöner! Martin kam mit vielem einfacher zurecht. Und deshalb lässt Martin sich nicht davon abhalten, mit den Gedanken in der Vergangenheit spazieren zu gehen.

Martin traf vor wenigen Wochen einen Bekannten, den er schon lange nicht mehr gesehen hatte. Der konnte sich an die letzte Begegnung gar nicht mehr erinnern. Für Martin kein Problem. Er konnte Tag und Stunde mühelos aus der Vergangenheit „abrufen". Nicht nur das, er konnte sich sogar genau daran erinnern, was der andere ihm erzählt und wo ganz genau sie sich getroffen hatten.

Martin erzählte seinem Bekannten den Stand vom letzten Gespräch und wie sie beide verblieben waren. Martin wusste alles! Nur eines wusste Martin nicht mehr, den Namen dieses Bekannten.

„Menschen wie Martin leben mit ihren Gedanken in der Vergangenheit und fühlen sich dort zu Hause."

Traditionen

Martins Frau möchte gerne in diesem Jahr dem ganzen Weihnachtstrubel entfliehen und in Urlaub fahren. Das kann er sich nicht vorstellen!

Besonders Weihnachten ist doch so schön! Die ganze Familie ist zusammen, der Baum leuchtet voller Kerzen und der Karpfen wartet auf dem Tisch. Und wenn sie am ersten Weihnachtstag dann bei seinen Eltern sind und das ganze Haus voller Verwandte schwirrt, dann ist Martin doppelt so glücklich.

Am zweiten Weihnachtstag sind sie immer bei seinen Schwiegereltern. Endlich eine Gelegenheit auch die Geschwister seiner Frau zu treffen. Viel zu selten kommt das vor. Natürlich, seine Frau hat in den Weihnachtstagen alle Hände voll zu tun, aber es lohnt sich. Und außerdem war es schon immer so!

„Menschen wie Martin lieben die Tradition."

Für Martin wäre es ganz fürchterlich, an Heiligabend allein unter Fremden in einem großen Hotel zu sein und keinen eigenen geschmückten Weihnachtsbaum zu haben. Die Familie würde er auch nicht sehen.

Am Ende sind in dieser Ferienregion auch noch sommerliche Temperaturen. Alles kostet eine Stange Geld, er hat weder Lust noch Freude, soll aber strahlen, weil das Hotel luxuriös ist und seine Frau sich das Ganze gewünscht hat.

Martin hofft, dass es gelingt, diese Urlaubsgedanken in die Zukunft zu verschieben, wenn die Kinder größer sind. Er findet, dass dies ein logisches Argument ist und hofft, dass ihm Weihnachten mit seinen schönen Ritualen noch eine ganze Zeit lang erhalten bleibt.

Außerdem würde er dann nicht Silvester mit den Vereinsmitgliedern feiern können! Das geht für Martin gar nicht. Wer das ganze Jahr zusammen Zeit miteinander teilt, dem gehört auch der Silvesterabend.

Martin liebt seinen Tennisverein. Da ist jeder, na ja, fast jeder, für den anderen da und man kämpft miteinander für das gleiche Ziel. Im Verein gehört man dazu und kann Menschen etwas Gutes tun.

Er freut sich im Winter bereits auf das Frühjahr, wenn der Platz gerichtet wird und alle danach gemeinsam sitzen und leckere Sachen essen. Wenn da nur nicht so ein paar merkwürdige Kandidaten wären, die dann gleich mittags auf den Platz wollen, obwohl der noch gar nicht fertig ist. Und eine Grillwurst wollen sie auch abhaben, obwohl sie gar nicht mitgeholfen haben.

„Menschen wie Martin lieben das Vereinsleben, weil man dort mit Gleichgesinnten zusammen ist.“

Kleidung

Martin liebt seine braune Cordhose. Die ist zwar an den Beinen etwas weit, dafür aber außerordentlich bequem. Auch seine Frau mag diese Hose, weil Martin in ihr so knuffig aussieht.

Martin besaß noch eine ähnliche Hose, aber die musste er aussortieren, weil die Farbe ausgewaschen und ihr Stoff mit der Zeit dünn geworden war. Außerdem war sie längst aus der Mode gekommen.

Zum Glück hat seine Frau die Hose aber nicht weggeworfen, sondern nur weggepackt. Man weiß ja nie, ob Martin sie nicht doch noch einmal tragen kann. Die Mode wechselt schließlich permanent und über den dünnen Stoff kann man hinwegsehen, wenn man sie zu Hause trägt.

„Menschen wie Martin fühlen sich in weiter Kleidung wohl. Material, Farben und Formen sind nicht immer abgestimmt. Sie lassen sich durch andere bei der Auswahl leicht beeinflussen.“

Martin musste erst vor Kurzem erleben, dass Hosen mit großem Schlag wieder modern geworden waren und wieder in den Schaufensterauslagen hingen. Freudestrahlend holte er „seine Schätze" aus dem Keller. Was Martin jedoch nicht bedacht hat, war, dass seine Hosen mit der Zeit zu eng geworden waren. Drei Nummern größer und er wäre topmodisch zum Nulltarif gewesen. Sehr schade, aber seine Frau kocht nun mal so gut.

Martins Nachbarin denkt offenbar wie er. Sie hat alle Kleider von Anbeginn der Studienzeit bis jetzt gesammelt, auch die der beiden Töchter. Zum Glück haben die Nachbarn ein großes Haus mit einem geräumigen Keller, der mit Schränken komplett zugestellt ist. Und wenn die Töchter etwas Neues zum Anziehen haben wollen, dann schauen sie erst einmal in den Schränken nach. Meistens werden sie auch fündig und freuen sich dann kreischend, weil das Alte nostalgisch, schräg oder richtig modisch ist.

Martin war letzte Woche mit seiner Kollegin Eleonore in der Stadt einkaufen. Seine Frau briefte ihn vorher sehr eindringlich, dass er sich von Eleonore ja zu keiner Kleidung überreden lassen sollte. Sie weiß, dass Eleonore Martin öfter mal Hosen und Hemden aufschwatzt, die ihm nicht wirklich stehen. Vielleicht versucht sie auf diese Art neben ihm schöner zu wirken? Martin zieht gerne Kleidung an, die er gemeinsam mit anderen gekauft hat. Egal, ob sie ihm steht oder nicht.

Wenn jedoch seine Frau vergisst, ihm die Kleider für den nächsten Tag zu richten, dann hat Martin ein Problem. Er hat z. B. kein Gespür für die Kleiderordnung im Geschäft. Wählt er sich etwas selbst aus, liegt er oft daneben.

Deshalb fand Martin es wunderschön, als das Thema der Firmenkleidung aufkam. Das hätte ihm gefallen! Keine schweren Entscheidungen mehr am Beginn des Tages. Es hätte keine unpassende Kleidung mehr gegeben und keine Unterschiede zwischen ihm und seinen Kollegen. Ein Firmendress würde zudem die private Kleidung schonen.

Martin unterscheidet in Arbeitskleidung, Kleidung für „Gut", für „sonntags" und für „besondere Anlässe". Zum Glück passt ihm sein schwarzer Anzug noch, den er nächsten Monat beim Feuerwehrball wieder tragen wird. Und er hat bemerkt, dass seine Frau sich ein neues Tuch für ihr schwarzes Ausgehkleid besorgt hat. Dadurch, so meint sie, würde sie sich von Frau Meier besser unterscheiden. Zu dumm, dass die auch das gleiche Kleid besitzt.

Taschen

Martin schaut oftmals neidisch auf Frauen, weil denen erlaubt ist, große Handtaschen zu tragen. Das ist wunderbar, denkt er sich, diese Frauen haben wirklich immer alles dabei, was wichtig ist.

Seine Arbeitskollegin kommt sogar mit einer prall gefüllten Handtasche und einem Einkaufskorb ins Büro. Im Korb sind das Essen für den Tag und Dinge, die sie zeigen will. Mal ist das ein kleines Fotoalbum, mal Blumen und eine Vase, mit der sie ihren Arbeitsplatz verschönert. Und ihre Handtasche erst! Die ist eine wahre Fundgrube.

Einmal, als sie ihren Schlüssel suchte, konnte Martin dieses Wunder erleben. Seine Kollegin stellte die Tasche auf den Kopf und was da alles herauspurzelte, das hat Martin wirklich sehr verblüfft:

- Kosmetika
- Medikamente
- Taschentücher
- Pflaster
- Etwas zum Naschen
- Hygienemittel
- Spielsachen für die Kinder
- Viele Schlüssel mit Anhängern, die an ein Ereignis erinnern
- Dicke Geldbörse
- Briefe, Bilder von den Lieben
- Leere Tüten, die sie noch nicht weggeworfen hat, weil man sie vielleicht noch mal braucht
- Eine Plastiktüte für einen eventuellen Einkauf
- Feuerzeug und Streichhölzer, falls das Feuerzeug mal nicht geht und die anderen kein Feuer haben. Nichtraucher!

Martin kann sich gar nicht mehr an alles im Einzelnen erinnern.

Ihm fiel aber auf, dass die Handtasche der Kollegin gar kein Label hat. Im Gegensatz zu Eleonores Handtasche aus der Nachbarabteilung, die gerne mit der Marke angibt. Die Tasche seiner lieben Kollegin muss aber zwangsläufig sehr groß sein, das hat er kapiert.

Weil Martin auch gerne alles bei sich haben möchte, hat ihm seine Frau nun zum Geburtstag einen Rucksack geschenkt. In den packt er jetzt immer all die Dinge, die er mitnehmen möchte oder die er meint zu brauchen. Der Rucksack hat nur einen Nachteil: Martin findet jetzt sein Handy nicht mehr so schnell, wenn es klingelt. Dafür fand er kürzlich ein Erfrischungstuch, das er beim letzten Betriebsausflug vorsorglich für Eleonore mit eingepackt hatte.

„Menschen wie Martin haben in ihren „Wundertaschen“ das, was andere vergessen haben und benötigen.“

Plastiktaschen

Manchmal nimmt Martin auch seine Baumwolltasche mit, die er von der Sparkasse geschenkt bekommen hat. Letzte Woche war er wieder bei seinem Bänker und hatte die Unterlagen, die er bringen musste, ohne Umschlag oder Hülle, einfach in den Baumwollbeutel gesteckt. Sie waren zwar etwas zerknittert und Martin war das peinlich, aber im Rucksack hätten diese Unterlagen keinen Platz gehabt.

Martin hat beobachtet, dass seine Kolleginnen und Kollegen auch gelegentlich mit Plastiktaschen zur Arbeit kommen. Er hat festgestellt, dass eine Kollegin sogar ganz billige Plastiktaschen benutzt. Einkaufstüten mit Firmenlogo, Webadressen, Sparangeboten oder Werbeslogans.

Auch Kollege Volkmar, der sonst wenig von zu Hause erzählt, bekommt manchmal eine Plastiktüte von seiner Frau gepackt. Besonders im Sommer, wenn er das geerntete Obst aus seinem Schrebergarten in die Abteilung mitbringt. Jeder darf sich dann etwas nehmen. Die Tüten sind immer schön fest und reißen nicht, das ist für ihn bei diesen Tüten richtig wichtig.

Letzte Woche hat Martin Eleonore getroffen. Auch die hatte eine Plastiktüte dabei. Aber die sah ganz anders aus. Das war eine Tüte mit Kordel und aus festem, gutem Material und der Schriftzug einer teuren Firma war darauf zu sehen. Sie trug die Plastiktasche so, dass jeder das Logo sehen konnte.

„Menschen wie Martin
wählen irgendeine Plastiktasche.
Sie muss nicht schön und stabil sein.

Die Hauptsache ist,
dass sie groß ist und alle Dinge hineinpassen.“

Geldbörsen

Martin kann nicht immer seine Geldbörse in die Hosentasche stecken, denn dafür ist diese zu prall gefüllt. Er hat schon oft versucht ihren Inhalt zu sortieren, aber er weiß nicht so recht, wo er dabei beginnen soll. Also bleibt sein Geldbeutel weiter unhandlich. Was man finden kann:

- Alte Rechnungen aus dem Supermarkt
- Kleine Zettel, auf denen er sich etwas vor Monaten notiert hat, was aber schon lange erledigt ist
- Bilder von den Lieben
- Pflaster
- Kleine Zettel von seiner Frau
- Adressen von Bekannten oder einem Urlaubsort
- Telefonnummern für Notfälle
- Blutspende- bzw. Organspende-Ausweis
- Eventuell eine Kreditkarte, obwohl er diese gar nicht so mag, da die Gefahr des Verlierens besteht und „ein anderer" dann „ans Geld kommt"
- Etwas Geld

Martin sagt immer zu seiner Frau:

„Wenn der Geldbeutel von Frauen dick wäre wie meiner, dann hätten sie direkt eine Waffe in der Tasche. Bei einem Überfall, bräuchten Frauen dann nur dem Dieb die Handtasche um die Ohren zu schlagen und der Angreifer wäre sofort k.o."

„Menschen wie Martin haben nicht unbedingt viel Geld im Geldbeutel. Er ist aber immer prall mit anderen Papieren gefüllt."

Brillen

Vor einigen Monaten bemerkte Martin, dass er nicht mehr so gut sehen konnte. Er trägt zwar eine Brille, aber die ist bereits ein paar Jahre alt. Nun bleibt ihm offenbar keine andere Wahl und er muss sich eine neue Brille kaufen. Dummerweise sind die meisten neuen Brillen viel zu neumodisch und bunt. Hoffentlich findet er ein schlichtes und neutrales Modell. Auffallen mag Martin mit seiner Brille nicht.

Seine Frau schimpft mit ihm, weil er in seinem Brillenetui oft auch noch andere Dinge aufbewahrt. Aber so lose im Rucksack findet er halt manches nicht.

Martin hat auch so seine liebe Mühe mit der Brille selbst.

Wie oft sucht er sie im Laufe seines Tages! Er mag sie aber nicht, wie eine seiner Kolleginnen, auf der Brust baumelnd und an einer Kette tragen.

Nun hat Martin sich eine neue Brille gekauft. Er ist ganz glücklich. Seine Kollegen fanden, dass er mit der neuen Brille richtig süß und nett aussieht, obwohl die Brille eine unscheinbare Fassung hat. Martin hat ganz stolz erzählt, bei welchem Optiker er seine Brille gekauft hat und dabei über die Zuzahlung gejammert.

„Menschen wie Martin tragen oft Brillen,
die schon lange aus der Mode gekommen sind.“

Kopfbedeckungen - Hüte

Martin ist ganz glücklich. Es wird Winter und damit kommt die richtige Jahreszeit für seine Mütze, die er von Onkel Heinz geerbt hat. Diese besondere Kopfbedeckung wärmt nicht nur den Kopf, sondern auch die Ohren. Er ahnt zwar, dass sie nicht ganz zu seinem Mantel passt, aber das ist ja nicht so schlimm. Die Hauptsache ist, dass er nicht friert

„Menschen wie Martin brauchen Kopfbedeckungen wegen der Wärme und Kälte und stimmen diese nicht unbedingt mit der übrigen Kleidung ab."

Frisuren

Martin hatte erst letzte Woche eine schlimme Diskussion mit seiner Frau. Sie findet seine Frisur unmöglich. Sie sagt, er wäre regelrecht zerzaust. Dabei wollte Martin doch mal wagemutig sein. Sein Friseur hatte ihm zu einem neuen Schnitt geraten. Das hat er nun davon!

Dabei wäre der ganze Zirkus für ihn gar nicht notwendig gewesen, denn Martin liebt einfache Frisuren. Schnitte, mit denen man sich morgens nicht lange beschäftigen muss. Beim nächsten Friseurbesuch setze ich mich besser durch, nimmt er sich vor. Das gilt auch für das teure Shampoo, das der Friseur wortreich angepriesen hat. Shampoos aus dem Supermarkt reinigen die Haare auch. Von seiner Frau hatte er übrigens ein wenig mehr erwartet. Außer dem „zerzaust" hat sie nicht viel zu der neuen Frisur gesagt. Über seine bisherige altmodische Frisur hatte sie sich auch immer lustig gemacht.

Martin kann sich noch sehr gut daran erinnern, dass er vor Jahren schon einmal beim Friseur etwas Neues ausprobierte. Damals hatte er sich die Haare färben lassen. Alle und auch er fanden das chic. Als sich dann aber langsam seine eigene Haarfarbe am Haaransatz zeigte, fand er es lästig, sie erneut färben zu lassen. Er hat den Ansatz einfach herauswachsen lassen. Das sah eine Zeit lang ganz fürchterlich aus, aber nun ist seine Haarfarbe wieder ganz natürlich. Dass er über Monate ganz gescheckt aussah, hat Martin nicht gestört.

„Menschen wie Martin lieben eine einfache Frisur und ändern ungern die Form und Farbe."

Schuhe

Martin ist immer froh, wenn er nicht die schwarzen engen Schuhe tragen muss, denn er hat es gern bequem. Am liebsten mag er Schuhe, die sich wie seine Hausschuhe anfühlen. Seine Schuhe sind nicht so gepflegt wie die Schuhe seiner Kollegen. Er wechselt sie auch nicht so oft. Warum andere Menschen täglich ihre Schuhe wechseln, bleibt ihm ein Geheimnis.

Seine braunen Schuhe passen nur zu ganz wenigen Hosen, die er trägt. Aber sie sind halt so bequem.

Am liebsten würde er sie immer tragen. Doch als der Abteilungsleiter zum 40. Geburtstag geladen hatte, da zog Martin seine feinen schwarzen Schuhe an. Zum Glück saß man den ganzen Abend an Tischen, so dass niemand bemerkte, wie er aus den Schuhen schlüpfte.

Martin ist schon froh, dass er in den schwarzen Schuhen nicht auf Zehenspitzen laufen muss. So wie Frau Müller aus der Buchhaltung, wenn sie mit ihren Pfennigabsätzen kommt und das Tack-tack-tack vermeiden möchte, das sonst über die Flure und durchs ganze Haus tönt.
Martin fühlt sich auch nicht wohl, wenn seine Schuhe Geräusche machen, aber er möchte dennoch nicht auf Zehenspitzen laufen. Wie peinlich wäre denn das!

„Menschen wie Martin lieben bequeme Schuhe, die sie gerne auch öfter, an mehreren Tagen hintereinander tragen.“

Der Gang

Was Martin ärgert, ist, dass ein Kollege aus einer anderen Abteilung, den er oft in der Kantine sieht, immer so aufrecht läuft. Das sieht so überlegen aus. Martins Gang ist eher schlurfend. Der Oberkörper ist etwas gebeugt, die Schultern hängen schräg nach vorn und die Arme baumeln ohne Spannung nach unten.

„Menschen wie Martin drücken mit ihrem Gang ihre Gemütslage aus. Aufforderungen, dass sie gerade laufen sollen, bringen nichts.“

Das Zuhause

Martin liebt sein Zuhause. Er hat sich so eingerichtet, dass er sich so richtig wohl fühlt. Das Kleingeld dafür hatte er und seine Frau war einverstanden.

Sein Grundstück ist umgeben von einem niedrigen Zaun. Dieser soll nicht abgrenzen, absperren oder gar Besuch abwehren, sondern optisch den Garten unterstreichen. Das Gartentor quietscht zwar, aber das macht nichts, denn es steht so oder so die meiste Zeit offen. Gartenzwerge wachen in Martins Garten über Ruhe, Ordnung und empfangen jeden Besuch.

Im vergangenen Jahr hat er einige Windräder gekauft und zu ihrem letzten Geburtstag hat er seiner Frau eine Gartenlaterne geschenkt. Der ganze Vorgarten steht voller dekorativer Keramik-figuren, damit alle erkennen, dass hier liebenswerte Menschen wohnen. Manchmal regt sich Martin auf, wenn seine Kinder ihr Spielzeug im Vorgarten liegen lassen und seine Frau die Gartengeräte nicht weggeräumt hat.

Dabei vergisst er selbst manchmal den Gartenschlauch wieder aufzurollen, wenn er Blumen und Bäume gegossen hat.

Letztes Jahr hat seine Frau einen Töpferkurs und einen Blumensteckkurs besucht. Eines Abends brachte sie dann ihre „Meisterwerke" mit nach Hause. Ein Türschild und einen bunten Kranz. Martin freute sich, denn seine Frau hatte auf dem Türschild auch ihren Hund Paul nicht vergessen. Nach der Autowäsche am Samstag brachte Martin die Kunstwerke an der Haustür an. Lange konnte er sich nicht entscheiden, ob der Kranz nun etwas höher oder niedriger hängen sollte.

Martin ist froh, dass er im letzten Sommer ein Vordach über die Haustüre hat bauen lassen. Jetzt, unter diesem Dach, ist es viel angenehmer mit dem Nachbarn von Tür zu Tür zu plaudern. Seine Frau hat erst letzte Woche wieder ein frisches Blumengesteck gekauft, was den Eingangsbereich noch schöner macht.

Er hält zu den Nachbarn auch Kontakt vom Küchenfenster aus. Natürlich können sie ihn dabei nicht sehen. Seine Frau hat niedliche Kaffeehausgardinen für die Fenster gekauft. Das, was noch von der Scheibe frei war, haben seine Kinder mit bunten Fensterbildern gestaltet. Gardinen und Bilder schützen vor den Blicken von außen. Aber rausschauen kann man gut! Es ist doch interessant, wer die Nachbarn so besucht! Allerdings muss sich Martin beim Hinausschauen ein wenig strecken, denn das Fensterbrett ist von Blumentöpfen übersät. Die selbst gezüchteten Küchenkräuter gedeihen nämlich gerade an diesem Fenster ganz besonders gut.

Gestern bekamen sie unerwarteten Besuch. Leider hatte Martins Frau keine Zeit mehr aufzuräumen. Besucher und Familienmitglieder mussten im Flur wie Störche über die Schuhe steigen. Auch die Garderobe hing schon so voll, dass die Jacken der Mädchen bereits auf dem Boden lagen.

Martins Schwägerin wollte sich im Flurspiegel noch schnell die Lippen nachziehen, aber das war wegen all der Postkarten, Visitenkarten, netten Briefchen und Zettelchen, die daran klebten, gar nicht möglich. Außerdem blieb die Schwägerin mit ihrer Handtasche an dem Keramik-Igel hängen, der die Gäste von der Ablage freundlich grüßt. Eigentlich ist er gut zu sehen, wenn nicht gerade Hüte und Einkaufsnetze an seiner Nase hängen. Der Schwager lief geradewegs in die Kunstpalme hinein.

Es ist nicht etwa so, dass alles was da steht und liegt nützlich ist, aber Martin kann Dinge nicht gut aussortieren, geschweige denn, sich von ihnen trennen.

Zu vorgerückter Stunde verschwanden die Frauen dann in die Küche, weil man hier besonders gut über Rezepte reden kann. Die aus diversen Zeitschriften herausgerissenen Kochrezepte, die Martins Frau scheinbar wahllos in verschiedenen Küchenregalen ablegt, wurden bei dieser Gelegenheit hervorgeholt und durchgeblättert.

Leider gibt es im Haushalt von Martin noch immer keine Spülmaschine, was den gemütlichen Rezepte-Plausch der Frauen etwas einschränkte. Das Geschirr vom Mittagessen und vom Nachmittagskaffee türmte sich im Spülbecken und die Arbeitsplatte stand auch ganz voll. Wohin sonst damit? Der Beistelltisch war voller Deko!

Martin und seine Frau vergessen oft den Müll hinauszubringen, deswegen riecht es in der Küche ein wenig streng. Der Müllbeutel ist prallvoll und kaum noch aus dem Eimer zu ziehen. Die Schwägerin machte den Fehler, Martins Frau auf den Müll anzusprechen. Martins Frau war das sehr peinlich und sah sich gezwungen Ausreden und Geschichtchen zu erfinden.

Als die Frauen dann wieder ins Wohnzimmer zurückkehrten, erklärte Martin gerade seinem Freund die neuesten Miniatur-Autos, die er - neben seiner Eisenbahn - mit Leidenschaft sammelt. Damit Martin alles schön öffentlichkeitswirksam aufbewahren kann, wurde extra ein weiteres Regal gekauft. Das macht den Weg zwischen Couch und Tür nun ein wenig eng, aber wo soll Martin denn sonst seine Kleinautos lagern?

Was Martins Frau gar nicht leiden kann, ist, wenn ein Gast die Sofakissen in Unordnung bringt. Auch legen manche Besucher die Plüschtiere und Deko-Puppen achtlos auf den Boden. Angeblich, weil sie dann besser sitzen.

Von der Couch fällt der Blick auf die vielen Teppichbrücken, die über der guten Auslegware liegen. Deshalb bekommen Besucher schon an der Haustür Schlappen, um die Teppiche zu schonen.

Martin - Der Gefühlsmensch und sein Zuhause

Bei Martin ist es immer gut geheizt und dadurch gerne ein wenig zu warm. Martins Frau friert halt so schnell. Deswegen bleiben die Fenster immer zu und es wird zwischendurch nicht gelüftet. Dafür verbreiten parfümierte Kerzen einen heimeligen Duft.

*„Menschen wie Martin lieben,
bedingt durch ihre Sammlerleidenschaft, überfüllte Räume.
Sie mögen es gemütlich und kuschelig."*

Der Umgang mit dem Streit

Martin kann es gar nicht leiden, mit seiner Frau zu streiten, weil er das sehr persönlich nimmt. Er kann einen Streit nicht von der sachlichen Seite sehen und fällt dadurch schnell in ein „seelisches Loch".

Die Streitgespräche werden sehr emotional geführt. Schon oft sind Martin bei solchen Gesprächen die Tränen gelaufen. In den wenigsten Fällen hat er den Tränenfluss unter Kontrolle. Für ihn ist es ganz wichtig, dass der Streit am Tag des Entstehens bereinigt wird, sonst hat er eine unruhige Nacht.

Manchmal kommt es vor, dass der Streit nicht bereinigt wird und man geht doch zu Bett. Martins Frau hat kein Problem damit. Sie schläft schnell ein. Martin hingegen wälzt sich die ganze Nacht im Bett herum und grübelt darüber nach, wo er einen Fehler gemacht hat.

Es geschah erst vor Kurzem. Man hatte sich gestritten und am nächsten Morgen fragte Martins Frau ihn, warum er denn so schlecht aussieht. Er hatte verweinte Augen, hängende Gesichtszüge und ein fleckiges Gesicht. Da war für Martin vor dem Frühstück schon der Tag gelaufen. Aus diesem seelischen Tief kam er den ganzen Tag nicht mehr heraus.

Er telefonierte mit allen seinen Freunden. Die gaben ihm alle einen Rat, aber Martin war der Meinung, dass sie sich doch nicht so in die Situation versetzen könnten, und dass bei ihnen alles ganz anders sei. Bei einem Ratschlag konnte er fast zustimmen, und er sagte schon ja. Dennoch folgte sofort ein „ABER, weißt du."

Als seine Frau ihm verzieh und er ihr, war die Welt wieder in Ordnung. Da Martin aber nachtragend ist, fängt er gerne seine Gespräche mit ihr so an: „Du hast mir mit ...... sehr weh getan. Aber das ist ja vergessen. Wir sind ja wieder gut miteinander." Er muss es immer wieder erwähnen. Das hält oftmals bis zur nächsten Meinungsverschiedenheit an. Und er versteht es nicht, wenn seine Frau böse wird, wenn er seine Erklärungen so anfängt.

„Menschen wie Martin leiden sehr unter einem Streit und sind dann nicht in der Lage, sich abzulenken und andere Dinge zu tun."

Bitten - Forderungen - Entschuldigungen

Martin ist es als Kind schon leicht gefallen, seiner Mutter „um die Beine zu streichen” und sie mit einem braven Lächeln um ein Eis oder eine andere Süßigkeit zu bitten.

Auch heute hat er mit Bitten kein Problem. Seine Worte werden heute körpersprachlich unterstrichen, indem er bei der Bitte den Kopf neigt, die Stimme anhebt und dabei demütig lächelt.

Letzte Woche kam Martin im Büro mit Bitten nicht mehr weiter, sondern er musste etwas fordern. Das fiel ihm nicht leicht. Die Stunden davor grübelte er hin und her und als der Moment der Forderung gekommen war, legte er den Kopf schief, schaute verlegen, wurde ein wenig rot, sprach leiser und lächelte schon wieder. Es ärgerte ihn, dass seine Forderung nicht ernst genommen wurde.

Weil bei seiner Arbeit deswegen nichts mehr richtig klappte, musste er sich auch noch bei seinem Chef entschuldigen. Das war nicht das erste Mal. Manchmal befürchtet Martin, dass ihm die Menschen seine Entschuldigungen nicht mehr abnehmen, einfach, weil er so oft welche gebraucht. Martin fängt zum Beispiel sehr gerne einen Satz mit einer Entschuldigung an, ganz besonders dann, wenn er eine Bitte vorbringen will.

Dadurch, dass Martin es allen Menschen recht machen will, sieht er sich auch ständig verpflichtet, sich für alles zu entschuldigen.

„Menschen wie Martin fällt das Bitten sehr leicht. Bei Forderungen fühlt er sich nicht so wohl. Entschuldigungen kommen ihm leicht über die Lippen.“

Niederlagen - Misserfolge

Martin kann sehr schlecht mit Niederlagen und Misserfolgen umgehen, weil er diese sehr persönlich nimmt. Manchmal machen sie ihn richtig krank. Körperlich und seelisch allemal.

Erst letzten Monat machte Martin einen größeren Fehler und fiel sofort in ein seelisches Loch. Es dauerte lange, bis er sich von diesem Schock erholte. Jeder konnte ihm ansehen, dass es ihm nicht gut ging. Er machte ein sauertöpfisches Gesicht, ließ sich trösten und bedauern und suhlte sich ausgiebig in seinem Elend. Vorschläge, was er nun tun könne, ließ er sich geduldig präsentieren. Keine Idee wurde umgesetzt. Vielleicht war der Grund dafür, dass er sich tief im Inneren gerne als Opfer fühlt, weil das viele Vorteile mit sich bringt. Nie kümmert man sich mehr um Martin, als wenn es ihm nicht gut geht.

Martin behauptet oft, dass er die Niederlage oder den Misserfolg schon im Vorfeld erahnt. Um das zu verhindern, bleibt er lieber bei Abläufen, die er kennt. Neues und Unbekanntes lässt ihn befürchten, dass etwas schief gehen könnte.

„Menschen wie Martin nehmen Niederlagen und Misserfolg persönlich und können nicht damit umgehen."

Lügen und kleine Schwindeleien

Martin gehört zu den Menschen, denen man es sofort ansieht, wenn sie nicht die Wahrheit sagen. Wobei, ausgesprochen lügen tut er selten. Martin sieht in seinen Unwahrheiten eher kleine Notlügen, die man anwenden darf, um andere zu schonen.

Einmal log er ganz bewusst einen Kollegen an. Sein Körper verriet dem anderen, dass irgendetwas nicht stimmte. Martin schwankte von einem Bein auf das andere, während er sprach, rang nach Worten, fuchtelte mit den Händen und wurde rot. Er fing an zu schwitzen und konnte seinem Kollegen nicht mehr in die Augen sehen.

„Menschen wie Martin setzen die Lüge zum Schutz für sich und andere ein.

Sie möchten niemanden verletzen. Man sieht ihnen an, wenn sie lügen."

Zu allem Elend wurde er dann auch noch ertappt. Ihm blieb nichts anderes übrig, als sich auf seine ihm eigene überschwängliche Art und Weise zu entschuldigen. Dabei hatte er fast Tränen in den Augen und wusste nicht mehr ein noch aus. Seit diesem Vorfall vermeidet er, wo er kann, mit seinem Kollegen zusammen zu treffen. Aber das lässt sich schlecht ganz verhindern. Der Kollege arbeitet schließlich im Nachbarbüro. Am liebsten hätte Martin eine Tarnkappe, dann wäre er für den Kollegen unsichtbar.

Unglück - Katastrophen

Martin kann überhaupt nicht mit Unglück und Katastrophen umgehen.

Als im letzten Jahr ein entfernter Verwandter schwer verunglückte, konnte er kaum einen klaren Gedanken fassen. Martin erzählte von dem Unfall jedem, den er traf und konnte kaum am normalen Alltag teilnehmen. Er ging dabei in alle Einzelheiten und schluchzte dann oft unvermittelt los.

Alle, die seine Geschichte hörten, versuchten ihn zu trösten, aber niemand schaffte es. Martin hatte sich in sein „Elend" bereits wieder verrannt und war nicht in der Lage zu seinen Aufgaben zurückzukehren.

Nachrichtensendungen wie die Tagesschau kann er sich auch nicht ansehen. Die Katastrophen, von denen er dort erfährt, lassen ihn an der Menschheit zweifeln. Er ahnt zudem, dass ein großes Unheil kommt. In dieser Angst stellt er sich die Frage: „Warum passiert das ausgerechnet mir?"

Urlaub

Allgemein geht man davon aus, dass jeder Mensch dann und wann das Bedürfnis hat, sich im Urlaub an einem hübschen Ferienort zu erholen. Oft ist diese Auszeit gepaart mit Gedanken wie:

- Weg von zu Hause!
- Raus aus den Gewohnheiten!
- Mal wieder man selbst sein können!

Auf Martin trifft das nicht zu. Er muss nicht weg und findet es schön, seine Urlaube zu Hause zu verbringen. In diesen Zeiten kann er zum Beispiel all die Dinge erledigen, die übers Jahr liegen geblieben sind. Außerdem möchte er mit seinen Kindern die Sehenswürdigkeiten in der näheren Umgebung besuchen, also etwas Neues kennenlernen und gleichzeitig in der gewohnten Umgebung bleiben.

Vor einiger Zeit wollte Martins Frau jedoch unbedingt einmal in den Süden fliegen. Also ließ sich Martin überreden. Bevor er buchte, erkundigte er sich jedoch bei allen Verwandten, Bekannten, Arbeitskollegen und Vereinsfreunden, ob sie bereits Erfahrungen mit diesem Land, den Leuten und der Gegend gemacht hätten. Ein Freund kannte sogar ein schönes Vier-Sterne-Hotel, das er sehr empfehlen konnte.

Martin entschied sich für die Buchung durch ein Reisebüro, da ihm das Internet zu unsicher erschien. Wie war er verzweifelt, als das Hotel, das sein Freund schon seit Jahren besuchte, ausgebucht war! Martin entschied sich dann für ein etwas teureres Fünf-Sterne-Hotel direkt daneben.

Vor Ort fand Martin, dass das teurere Hotel längst nicht das hielt, was der Katalog versprochen hatte. Das Hotel, in dem der Freund immer abstieg, machte dagegen einen sehr guten Eindruck auf ihn. Er machte von allen Mängeln Fotos und beschwerte sich nach dem Urlaub beim Reiseveranstalter, um eine Kostenerstattung zu erwirken. Seine Freunde hatten ihm dazu geraten. Was würden sie wohl sagen, wenn er sich bei einem solchen Reinfall nicht beschweren würde!

Für Martin waren die Hotel-Sterne gar nicht so wichtig, sondern er wollte einfach ein familienfreundliches Hotel, in dem auch Deutsch gesprochen wird.

Auf der Speisekarte sollten gutbürgerliche und nationale Spezialitäten stehen, die man gerne probiert und von denen man daheim berichten kann.

Martin wollte schon im Reisebüro sagen, dass ihm weniger an Sternen als an einfacher Qualität liegt. Aber er wollte seine Frau dort nicht bloß stellen.

Seine Überlegungen waren:

- Das können wir uns sowieso nicht leisten.
- Was sagen die Verwandten, Bekannten und Nachbarn, wenn wir in ein 5-Sterne-Haus gehen?
- Da gehen nur die Vornehmen und Reichen hin.
- Dafür haben wir keine Kleidung.
- Das ist uns zu groß.
- Die ganzen Angebote können wir nicht in Anspruch nehmen.
- Für das Sportangebot muss ich dann neue Sportkleidung kaufen. Die vom Verein ist nicht gut genug.
- Zu viele Menschen im Hotel, die man nicht kennt.
- Man muss nicht anders (übertriebener) als sonst leben.
- Man sollte auch im Urlaub auf dem Boden bleiben.

Aber als er die leuchtenden Augen seiner Frau gesehen hatte, hatte er nicht nein sagen können. Zu Hause legte er dann die mitgenommen Prospekte aus dem Reisebüro so hin, dass er sich täglich die Fragen stellte, ob sie alles richtig gemacht hatten oder doch noch ein wenig suchen sollten. Nachrichten im Radio und im Fernsehen verfolgte er genau, um von möglichen Unruhen in seinem Urlaubsland frühzeitig zu erfahren.

Kurz vor der Abreise gab es dann tatsächlich einige Vorfälle in dem ausgesuchten Land. Nichts Beängstigendes, aber Martin rief sofort im Reisebüro an und wollte die Reise stornieren. Sämtliche Freunde wurden befragt, wie sie an seiner Stelle reagieren würden.

Martin und seine Familie flogen letztendlich dann doch noch in den Süden. Da dort mit schönem Wetter zu rechnen war, sorgten sie dafür, dass sie genügend Sonnenschutzmittel dabei hatten.

Selbstverständlich hatte Martin sich gut und ausführlich beraten lassen, bevor er dann vorsichtshalber ein Sonnenöl mit einem höheren Sonnenschutzfaktor kaufte, als ihm das Reisebüro empfohlen hatte.

Seine Frau verzweifelte an den Tagen vor der Abreise, denn man hatte sich darauf geeinigt, all das, was mit in den Urlaub sollte, ins Schlafzimmer zu legen. Badekleidung und Schlappen wurden hingelegt, Bücher gestapelt, Karten und Erste-Hilfe-Mäppchen bereit gelegt, die „gute Kleidung" wurde gewaschen und für mehrere Tage zum Lüften an den Schrank gehängt.

„Menschen wie Martin müssen nicht unbedingt eine weite Reise machen. Sie lieben es, zu Hause zu bleiben, um nicht aus der gewohnten Umgebung gerissen zu werden."

Das Auto

Wenn ein Auto gekauft wird, spielt die Veranlagung eines Menschen eine ausschlaggebende Rolle. Mag er es lieber sportlich, chic oder bequem. Autos sind eine Typfrage. Daneben gilt zu beachten, ob es sich bei dem Käufer um einen Single oder Familienmenschen handelt.

Als Single

Als Martin noch nicht verheiratet war und noch keine Kinder hatte, war er der klassische Gebrauchtwagenkäufer. Es musste ein großes Auto sein, weil er nicht nur alleine durch die Gegend kutschieren wollte, sondern viel Platz für seine Freunde brauchte. Aussehen und Schnickschnack eines Wagens spielten eine untergeordnete Rolle für ihn. Hauptsache, dass das Auto Platz hatte und zweckmäßig war, alles andere spielte für ihn keine Rolle.

Wenn es am Samstag in den benachbarten Ort zum Feiern ging, hat Martin alle seine Freunde mitgenommen. Es kam dann schon mal vor, dass sie zu sechst oder siebt im Auto saßen, obwohl der Wagen nur für fünf Personen zugelassen war. Unterwegs passte er natürlich auf, dass keine Streife sie erwischte. Für Martin war es wichtig, dass seine Freunde nicht laufen oder ein Taxi nehmen mussten.

Es war ihm auch egal, wie viel Benzin der Wagen verbrauchte und ob die Versicherung hoch und die Kfz-Steuer „ein Wahnsinn" waren. Was Martin brauchte, war ein Auto, mit dem er sich identifizieren konnte. Es musste gefallen und ihm „ans Herz" wachsen. Autos waren und sind für Martin wie ein zweites Zuhause. Und genauso sah es im Wageninneren immer aus. Ein Kissen durfte nicht fehlen, lustige Bezüge für die Sitze waren selbstverständlich und eine Decke lag parat, für welchen Fall auch immer.

Oft kam es vor, dass Martin vergaß zu tanken. Ging die Tanknadel mehr und mehr gegen Null, dann sprach er mit seinem Wagen wie mit einem Kind: „Gleich bekommst du deinen Bauch voll. Bitte halte durch." Martin machte damit sehr gute Erfahrung. Niemals blieb er mit dem Auto auf der Strecke.

Am Innenspiegel baumelten seine Glücksbringer, Talismane und ein witziges Geschenk eines Freundes. Zuweilen verströmte dort auch ein kleines Tannenbäumchen, das er an der Tankstelle gekauft hatte, einen frischen Duft. Als er sich in seine Frau verliebte, schenkte sie ihm ein Bild von sich. Das klebt noch heute, in einem kleinen Bilderrahmen, sichtbar am Armaturenbrett. Darunter steht zu lesen „Komm gut heim!" Auch wenn einige Freunde sich darüber lustig machten, Martin findet es schön, dass ihn beim Fahren das Lächeln seiner Frau begleitet. Auf der Hutablage tummelten sich Stofftiere, die Martin bei seinen Fahrten beistanden.

Martins Freunde brachten ihm gerne lustige Aufkleber mit Sprüchen und Bildern mit, die er hinten an seinem Auto anbrachte. Natürlich durfte auch eine Anhängerkupplung nicht fehlen. Und Martin fand es sehr lustig, auf diese einen alten Turnschuh, mal einen Puppenkopf und zum Schluss einen Tennisball zu stecken.

Irgendwann heiratete sein bester Freund und alle Gäste befestigten an ihren Autoantennen Zierbänder. Weil das Fest so schön war und Martin sich so gerne an die Hochzeit erinnerte, wehten die Bänder fast ein ganzes Jahr an seinem Wagen.

War Martin alleine unterwegs, dann verwandelte er den Beifahrersitz in ein kleines Buffet. Obst, Kekse, Schokolade und belegte Brote waren dort für ihn immer griffbereit und der Abfall blieb oft tagelang im Fußraum liegen. Wollte jemand mit ihm fahren, dann verschwand der Müll einfach unter den Sitz und wurde dort manchmal bis zur nächsten Grundreinigung vergessen.

Je länger Martin seinen Wagen besaß, desto größer wurde seine Angst, wenn er zum TÜV musste, dass er vielleicht keine Plakette mehr bekam. Das Auto war ihm so ans Herz gewachsen, dass er ihm sogar einen Namen gegeben hatte. Aber trotz aller Stoßgebete war es irgendwann soweit: Das Auto kam dann doch nicht mehr über den TÜV. Das tat Martin sehr weh. Als es dann an die Verschrottung seines Wagens ging, musste Martin sehr mit seinen Gefühlen kämpfen. Es war ihm so elend, als würde er gerade einen Freund verlieren. Um das Auto und die Zeit noch besser in Erinnerung zu behalten, schoss er noch ein paar Fotos. Dann ließ er den Wagen von einem Freund zum Schrottplatz bringen. Selbst konnte er diese Fahrt nicht machen. Der Abschied brach ihm fast das Herz.

Später hat Martin die Fotos gerne gezeigt und erzählt, was er mit seinem Auto alles erlebt hatte. Wenn man nicht genau gewusst hätte, wovon er sprach, hätte man den Eindruck bekommen können, Martin spräche von einem Menschen.

Als Familienmensch

Mit der Gründung der Familie war für Martin bald ein Kombi angebracht. Familien brauchen eine Menge Platz. Neben den Personen muss auch Raum für Spielzeug, Kühltaschen, Schuhe, Kinderwagen, Tretroller, Walkingstöcke, usw. sein.

Martin freute sich, dass er nun nicht mehr alleine für den Müll im Auto verantwortlich war, denn natürlich durften auch seine Kinder im Auto essen. Krümel soweit das Auge reicht! Auch die Scheiben dokumentieren die Anwesenheit von Kindern in dieser Familie: Sie sind verklebt und ziemlich verschmiert. Mittlerweile sind die Kinder längst groß, aber die Kindersicherung gibt es noch immer. Tante Erna geriet deshalb einmal in Panik, weil sich die Tür von innen nicht öffnen ließ und sie nicht mehr aussteigen konnte.

„Menschen wie Martin denken bei einem Autokauf stets an andere."

ELEONORE
DER TATENMENSCH

Eleonore ist kein Team- und Familienmensch im klassischen Sinn. Aber sie braucht das Team und die Familie, um bewundert zu werden und/oder um die Gruppe anzuführen.

Sie lebt im Hier und Jetzt und Probleme interessieren sie nicht. Im Zweifelsfall müssen schnelle Lösungen her. Muss sie eine Entscheidung fällen, dann denkt sie erst an sich und erst danach - viel später - an die anderen.

Eleonore legt viel Wert darauf, stets als sympathisch wahrgenommen zu werden. Muss sie etwas Unangenehmes rückmelden, dann bittet sie andere dies für sie zu tun, denn sie möchte auf keinen Fall anecken.

„Menschen wie Eleonore
leben in der Gemeinschaft oftmals allein.“

Persönlichkeit

In ihrem Lebensplan verfolgt Eleonore bevorzugt die kurzfristigen Ziele, ganz besonders die, welche sicher zu erreichen sind. Eleonore erzählt gerne von Dingen, die sie gerade ausprobiert oder Zielen, die sie gerade erreicht hat, denn sie stellt sich gerne dar. Ist ein Ziel nicht so zügig zu erreichen, wie sie es erwartet hat, dann tauscht sie es lieber durch ein anderes aus. Wenn Eleonore nach ihrem ursprünglichen Plan gefragt wird, kann es sein, dass sie sich nicht mehr daran erinnert. Eleonore lebt nach dem Motto „Was interessiert mich mein Gerede von gestern?"

Für gescheiterte Vorhaben trägt sie grundsätzlich keine Schuld. Wenn es ihr nicht gelingt, ein Ziel zu erreichen, tragen grundsätzlich die anderen die Schuld. Gründe dafür findet Eleonore schnell und mit großer Treffsicherheit.

„Menschen wie Eleonore setzen sich stets Ziele, die nicht unbedingt erreichbar sind.
Wenn diese sich als nicht realisierbar herausstellen, werden neue Ziele festgelegt und die alten sind schnell passé."

Eleonore ist stets auf der Suche nach Veränderungen und nach Neuem. Erst im Sommer war sie der Meinung, dass die Projekte, die ihr Kollege verfolgt, viel besser in ihren Arbeitsbereich passen würden. Gedacht getan: Ein Gespräch mit ihrem Vorgesetzten, das nur so triefte von Säuseleien und Darstellungen, wie sie die Arbeit erledigen würde, und der Kollege musste unter fadenscheinigen Argumenten die Aufgaben an Eleonore weiterleiten.

Auch ist nicht zu übersehen, dass Eleonore gerne mit dem Kollegen aus der Chefetage flirtet, obwohl sein Ehering nun wirklich nicht zu übersehen ist.

„Menschen wie Eleonore achten nur dann auf gesellschaftliche Normen, wenn es für sie von Vorteil ist. Ansonsten leben sie lieber nach ihren eigenen Vorstellungen."

Eleonore hat ein großes Problem mit der Chefetage, denn sie kann sich nur schlecht unterordnen.

Es sei denn, es nutzt ihr. Dann setzt sie es bewusst ein. Als sie kürzlich unerwartet Urlaub beantragen musste, klang sie ganz unterwürfig, als sie deswegen bei ihrem Chef vorsprach.

„Menschen wie Eleonore können sich nicht unterordnen.“

Als sie dann von ihrem „Bittgang" zurückkam, musste sie sich erst einmal abreagieren. Glücklicherweise hat Eleonore einen Auszubildenden bei sich im Büro, der für solche Fälle herhalten muss.

Eleonore liebt es, über unterstellte Personen verfügen zu können. Nach einem kurzen Machtspiel, das ihre Position vor der ganzen Abteilung darstellte, ging es ihr sofort spürbar besser.

„Menschen wie Eleonore reagieren sich gerne an anderen Personen ab."

Kommunikation

Vor Kurzem wurde Eleonore zu ihrem Chef gerufen und sie hatte eine schlechte Vorahnung, als sie dessen Büro betrat. Doch es kam völlig anders als erwartet: Er stellte ihr ein neues Projekt vor und betraute sie mit der Aufgabe, ihre Kollegen dafür zu gewinnen. Der Chef weiß, dass Eleonore andere Menschen begeistern kann, wenn sie von einer Sache überzeugt ist.

Eleonore legt keinen besonderen Wert auf Kommunikation und hat deswegen auch keine Antenne für Zwischentöne.

Kommunikation bedeutet für sie nicht, sich die Ansichten anderer Menschen anzuhören, sich vielleicht damit auseinander zu setzen, eventuell darauf zu reagieren oder gar diese Ansichten zu übernehmen. Wozu der Aufwand, wenn es auch einfacher geht: Eleonore redet lieber selbst und erwartet von ihren Zuhörern Bestätigung und Bewunderung. Gute Ideen von anderen greift sie gerne auf und verkauft sie als ihre eigenen.

„Menschen wie Eleonore können andere durch ihre Rhetorik und ihre mitreißende Art begeistern, wenn sie von einer Sache überzeugt sind.“

Vor einiger Zeit sollte sie von ihrem Chef eine Aufgabe übernehmen, wusste aber nicht, wie diese umzusetzen war. Ihre Kollegin wollte sie nicht fragen, weil Eleonore findet, dass Fragen den Fragenden nicht gut wirken lassen. Außerdem war sie überzeugt, dass ihr noch eine eigene Lösung einfallen würde. Nur in eben jenem Moment gerade nicht. Deshalb hat sie dann während der Kaffeepause das Gespräch auf einen ähnlich gelagerten Fall in der Vergangenheit gelenkt und neugierig zugehört, wie ihre Kollegen dabei vorgegangen waren. Ganz still stand sie da und hat ausnahmsweise kein Wort gesagt. Danach war sie um einige Takte schlauer und wusste, wie sie das Projekt anzugehen hatte.

Für Eleonore ist das eine gute Strategie. Sie benutzt gerne die Kreativität und Ideen anderer Menschen, um ihren eigenen Horizont zu erweitern.

„Menschen wie Eleonore wollen anderen Menschen nicht zeigen, dass sie etwas nicht wissen oder nicht können und stellen deshalb selten Fragen. Eher stellen sie ein Thema in den Raum, damit andere für sie zu einem Ergebnis gelangen.“

Bewegung

- Eleonore ist stets ruhelos und ihr „Motor" läuft immer.
- Ihr Körper ist in jeder Situation in Bewegung.
- Sie liebt extreme Sportarten und scheut dabei nicht das Risiko.
- Beim Joggen ist der Lauf nur dann optimal, wenn sie eine gute Zeit gelaufen ist und ihr vor Anstrengung richtig schlecht ist.

„Menschen wie Eleonore treiben Sport, um sich auszupowern, abzureagieren und um anderen zu zeigen, wie gut sie sind."

Die Kleidung

Eleonore lebt nach dem Motto: Kleider machen Leute. Sie liebt schöne Kleidung und die Marke spielt für sie dabei eine große Rolle. Teuer muss sie sein und etwas hermachen. Kleidung muss im Trend liegen und auffallen, findet Eleonore. Mit einer ausgewählten und auffallenden Garderobe unterstreicht man seine Persönlichkeit und unterstützt sein eigenes Profil.

Dass Marken-Kleidung teuer ist, ist Eleonore bewusst. Auf Preise achtet sie schon längst nicht mehr. Sie hat ja genügend Kreditkarten in der Handtasche und ist der Meinung, dass die Banken gefälligst mitzuspielen haben, auch wenn es mal knapp wird. Dieses Geld gibt sie gerne aus, denn nichts wäre schlimmer für sie, als wenn ihr eine Frau begegnen würde, die das gleiche Kleid oder die gleichen Schuhe trägt wie sie. Um flüssig zu bleiben, legt sich Eleonore grundsätzlich immer wieder eine neue Kreditkarte zu. Sie ist eine Spontankäuferin und durch verschiedene Möglichkeiten der Bezahlung fühlt sie sich unabhängig.

„Menschen wie Eleonore ‚sammeln‘
Kreditkarten wie andere Postkarten.
Die Kreditlinie wird in vielen Fällen ausgenutzt.“

Eleonore fand es unmöglich, als Martin für die Einführung einheitlicher Arbeitskleidung in der Firma war. Sofort gingen bei ihr die Überlegungen los, wie sie im Falle eines Falles diese Kleidung aufpeppen könnte.

Ihr fielen sofort diverse Accessoires wie Broschen, Tücher oder Haarspangen ein, die sie entweder schon besaß oder die sie bei dieser Gelegenheit kaufen könnte und die die Aufmerksamkeit anziehen und die Berufskleidung vergessen lassen würden.

Eleonore hat einen gut sortierten Kleiderschrank mit unterschiedlichen Abteilungen für Büro, Freizeit und elegante oder festliche Anlässe. Und sie achtet auch penibel darauf, für den jeweiligen Anlass richtig angezogen zu sein.

Das klappt ziemlich oft, aber nicht immer.

Zum Beispiel war sie mit einem Freund einmal bei einem Konzert in ihrem „kleinen Schwarzen" und anschließend trafen sie sich noch mit Freunden in einer Besenwirtschaft. Dort haben sich alle Leute nach ihr umgedreht und angefangen zu tuscheln, weil sie so elegant war.

Das hat ihr gut gefallen: „Sollen die doch ruhig sehen, dass ich nicht immer nur in Besenwirtschaften sitze ... Ich kann auch anders!", dachte sie.

Bei dem Konzert traf sie eine Nachbarin. Eleonore war entsetzt, als sie bemerkte, dass diese doch tatsächlich das Kleid vom Vorjahr trug. So etwas findet Eleonore unmöglich. Ihr ist es wichtig, sich für öffentliche Auftritte immer wieder in neuer Kleidung zu zeigen und die Blicke der Menschen auf sich zu lenken. Wenn sie die Leute zum Staunen bringt, dann ist Eleonore in ihrem Element.

Eleonore achtet darauf, dass ihre Accessoires stets mit der Kleidung abgestimmt sind. Sehr sorgfältig prüft sie vor dem Spiegel, welche Kombinationen am besten zusammen passen. Nie würde es ihr einfallen, ein Parfum bei festlichen Anlässen aufzutragen, das sie auch an Wochentagen benutzt. Auch Düfte dienen ihr, um im Mittelpunkt zu stehen.

„Menschen wie Eleonore stellen sich gerne durch ihre Kleidung dar und haben eigene Vorstellungen von ihrem Aussehen. Sie benötigen jedoch die Zustimmung und Anerkennung der anderen, um richtig glücklich und selbstsicher zu sein.“

Handtaschen

Eleonore ist süchtig nach großen, auffallenden Taschen. Diese stammen selbstverständlich von exklusiven Labels. Natürlich spricht sie ihren Freundinnen gegenüber nicht davon, dass es sich bei diesen Taschen nicht immer um Originale handelt, sondern um Bazar-Schnäppchen aus dem Urlaub. Wo Jil Sander drauf steht, muss ja nicht auch Jil Sander drin sein. Besonders in asiatischen Ländern sind diese Taschen sehr preiswert.

Ob klein oder groß, Eleonores Handtaschen sind niemals überfüllt. Vollgestopfte Handtaschen, die aussehen wie schwangere Austern, wie die ihrer Kollegin aus der Nachbarabteilung, sind ihr ein Graus.

Öffnet man ihre Tasche, so kann man aber immer finden:

- die Geldbörse/Geldklammer
- das Kreditkartenetui
- das Handy
- Lippenstift und Puderdose
- Zigarettenetui
- Designerfeuerzeug
- eventuell noch Schreibutensilien
- und das Mäppchen für die Visitenkarten

Wenn nötig, kann man sich alles andere bei der Kollegin borgen. Die ist eine sichere Bank, denn sie hat alles immerzu dabei.

„Menschen wie Eleonore haben gerne große auffallende Handtaschen, auf denen man gut die Marke erkennen kann. Der Inhalt ist nur für die Besitzerin gedacht.“

Geldbörse

Natürlich muss die Geldbörse zu Eleonores Tasche passen. Das heißt, dass auch sie mit einem Designer-Etikett versehen und jeweils farblich abgestimmt ist. Eleonore mag auch hier lieber Teile, die nicht jeder erstehen kann und die man eher selten sieht. Kreditkarten, die Miles-and-More-Karte und verschiedene Platinkarten von Unternehmen bewahrt Eleonore in einem speziellen Designer-Kartenetui auf, so dass die Geldbörse nicht zu prall gefüllt ist. Das fände sie ordinär.

Der Kollege, mit dem Eleonore oft zum Mittagessen in die Kantine geht und der ihr sehr ähnlich ist, hat überhaupt keine Geldbörse. Für die Scheine hat er eine Geldklammer und das Münzgeld trägt er lose in der Hosentasche. Solche Klammern findet Eleonore extravagant. Der Kollege achtet peinlichst darauf, dass oben und unten gut sichtbar jeweils ein großer Schein klemmt, damit der Eindruck entsteht, dass Geld bei ihm keine Mangelware ist. Eleonore findet es aber nicht schön, wenn er vor ihr steht und mit dem Kleingeld in seiner Hosentasche klimpert. Dieses Gehabe findet sie billig und unerträglich.

„Menschen wie Eleonore haben meist eine Designergeldbörse. Die männlichen Pendants haben oftmals nur eine Geldklammer, in der oben und unten immer ein großer Geldschein klemmt, damit man denkt, dass er viel Geld in der Tasche hat.

Das Kleingeld wird bei den Männern lose in der Hose getragen: Die Damen versuchen, das Kleingeld sofort auszugeben, damit der Geldbeutel nicht so ausbeult.“

Plastiktaschen

Wenn Eleonore eingeladen wird, bringt sie immer ein Gastgeschenk mit. Natürlich steckt sie das Präsent nicht einfach in ihre Handtasche, sondern packt es in eine Plastiktüte. Dabei achtet sie darauf, dass die Tragetasche mit einem edlen Logo versehen ist. Am besten aus einem trendigen Geschäft, hochglänzend und extravagant.

Letztes Jahr war Eleonore für einen Shopping-Trip in London. Ihr erster Weg führte sie ins Kaufhaus Harrods. Dort kaufte sie sich ein einfaches T-Shirt und ließ es dann in eine Tüte packen, in der zwei Wintermäntel Platz gefunden hätten. Die Verkäuferinnen schauten zunächst ein wenig unverständig, aber Eleonore machte mit Händen und Füßen klar, dass sie Wert auf eine große Tasche legte, die sie bei irgendeinem Anlass wieder verwenden würde.

Den Trick mit den Taschen hat sie ihrer momentanen Lieblingsfeindin abgeschaut. Die hat immer eine Tüte eines exklusiven Modehauses dabei, in der sie die Tüten aus dem Drogeriemarkt oder dem Discounter verstaut und nach Hause trägt. Auf diese Weise macht sie immer scheinbar exklusive Einkäufe. Auf den Gedanken, dass sie vielleicht wenig Geld haben könnte, kommt niemand, der sie mit den teuren Taschen sieht.

„Menschen wie Eleonore sind mit Tragetaschen mit einem Label von bekannten Marken unterwegs, möglichst mit Kordel und aus Hochglanz-Material. Wenn schon keine Designertasche, dann wenigstens eine Tüte, die aussagt, dass man es sich leisten kann, in teuren Läden einzukaufen."

Kopfbedeckung

Eleonore liebt Kopfbedeckungen in allen Variationen. Egal ob große Hüte mit weiter Krempe oder im alten Stil, Schirmmützen vom Fußballverein oder Piratenkopftücher. Wichtig ist, dass alles zusammenpasst: Hut und Kleidung, Handtasche und Schuhe, Ohrringe, Brille und schöner Schmuck.

„Menschen wie Eleonore tragen Kopfbedeckungen, um besser zu wirken.“

Brillen

Eigentlich benötigt Eleonore keine, aber sie findet Brillen einfach chic. Natürlich nur, wenn sie zum restlichen Outfit passen.

Wenn Eleonore eine ihrer zahlreichen Exemplare aufsetzt, dann handelt es sich immer um ganz besondere Modelle. Die Gläser sind oft getönt und die Gestelle extravagant mit Strasssteinchen oder kleinen applizierten Schmetterlingen versehen.

Selbstverständlich hat Eleonore zudem eine ganz besondere Brille, für ganz besondere Momente. Zusätzlich zu der ganz ausgefallenen Form ist sie von einem ganz bekannten Label.

Da Eleonore eigentlich nicht wirklich eine Brille benötigt, trägt sie sie lässig ins Haar über die Stirn geschoben wie einen Haarreif. So wie manche Menschen Sonnenbrillen tragen, wenn gerade eine Wolke vorbeizieht.

Nicht nur ihre Brille, auch Eleonores Brillenetui ist ausgefallen und selbstverständlich ist das Logo der Marke darauf deutlich sichtbar. Während eines Gesprächs wandert dieses Etui oft ganz nebenbei auf den Tisch. Sie weiß, der Gesprächspartner kann sie nun einschätzen.

Wenn Eleonore sich mit einer neuen Brille zeigt, kommentieren ihre Freundinnen genau so, wie Eleonore sich das wünscht:

- dass die Brille super ist,
- dass sie so ein Modell noch nie gesehen haben,
- dass Eleonore genau der richtige Typ für dieses Modell ist,
- dass nur Eleonore sich dieses teure Gestell leisten kann,
- dass diese Brille anders ist als alle anderen.

Eleonore ist dann ganz stolz und glücklich und fühlt sich ihren Freundinnen ganz verbunden und nah.

„Menschen wie Eleonore besitzen mehrere Brillen und haben sie auf die Kleidung farblich abgestimmt. Sie tragen auch dann Brillen (mit Fensterglas), wenn sie keine brauchen, es aber chic aussieht.“

Frisuren

Eleonore verändert häufig Haarfarbe und Frisur. Sie ist der Meinung, dass man durch wechselnde Frisuren das absolute Modebewusstsein zeigt. Sie ist immer auf dem neuesten Stand, welche Haarschnitte bei Promis und auf dem Laufsteg Furore machen. Die lässt sie sich dann bei ihren Friseurbesuchen auch schneiden und die Haarfarbe entsprechend anpassen.

Ihre momentan langen Haare trägt Eleonore in täglich unterschied-lichen Frisuren. Mal steckt sie die Haare hoch, mal bindet sie sie zu einem Pferdeschwanz zusammen oder sie steckt sie auf einer Seite nach hinten und lässt sie auf der anderen Seite offen. Immer aber sind zahlreiche Spangen und viele glitzernde Klämmerchen dabei mit im Spiel.

Auch der Kollege aus der Nachbarabteilung geht gerne mit dem Haartrend. Vor Kurzem hat er sich den Kopf ganz kahl rasieren lassen. Eleonore findet das schade, denn dieser Kollege hatte - wie sie - auch die Haarfarbe öfter mal gewechselt.

„Menschen wie Eleonore verändern durch ihre Frisur stets ihr Aussehen."

Schuhe

Eleonore liebt hohe und sehr extravagante Schuhe. Auch wenn diese nicht wirklich bequem sind. Eleonore beißt dann die Zähne zusammen und hält die Schmerzen aus. Wesentlich ist nur, dass die Pumps modisch sind, auffallen und zur Kleidung passen. Blasen an den Füßen hält sie gut aus und Rückenschmerzen spielen für Eleonore eine untergeordnete Rolle.

Ihre Lieblingsschuhe sind ein Paar mit ganz hohen Absätzen. Diese Pumps garantieren, dass sie überall auffällt. Ihr Gang wird mit diesen Schuhen sehr aufreizend und die männlichen Kollegen blicken ihr hungrig nach.

„Menschen wie Eleonore lieben Schuhe. Sie müssen stets modisch und passend zur Kleidung sein."

Der Gang

Wenn Eleonore im Büro den Flur entlang läuft, dann weiß jeder gleich, wer da geht. Ihr Gang ist bestimmend, die Schritte, wenn möglich, groß und die Schultern sind gestrafft.

Beim Gehen lässt sie prinzipiell die Arme schwingen, um ihre Energie zu demonstrieren.

Dank ihrer Absätze kann man sie schon von weitem hören, denn sie verursachen immer Geräusche. Mögen die anderen genervt die Augen rollen, für Eleonore gehört das zu ihrem Stil.

Das Zuhause

Eleonore hat ein tolles Haus! Das Grundstück ist von einer hohen Mauer umgeben. Irgendwo hatte sie einmal gelesen, dass nur außergewöhnliche Menschen sich durch solch eine Mauer vom Rest der Welt abgrenzen. Welch ein Glück, dass sie nun auch zu dieser Gattung zählt.

Beim Kauf des Hauses spielte für Eleonore die Eingangstür eine zentrale Rolle. Sie durfte auf keinen Fall gewöhnlich sein, sondern sollte Reichtum dokumentieren. Im Fall dieses Hauses hat einfach alles gestimmt. Sogar der Griff der Türe hat ein besonderes Design. Später hat Eleonore dann noch einen Türklopfer im Stil eines Löwenkopfes anbringen lassen. Briefkasten und Zeitungsbehälter vor dem Tor stammen aus Italien von einem sehr bekannten Künstler.

Bei der Gestaltung ihres Gartens hat Eleonore darauf geachtet, dass der Rasen klare Formen hat und die Pflanzen leicht zu pflegen sind. Eine renommierte Gärtnerei wurde mit der Umsetzung ihrer Pläne betraut.

Passend zum Stil des Gartens hat Eleonore die Gartenmöbel ausgewählt. Den Hersteller nannte ihr der Besitzer eines Tagungshotels, wo sie die Sitzgarnitur gesehen hatte. Sie ist zufrieden mit ihrer Auswahl. Und wenn Passanten manchmal neugierig durch das offene Tor schauen, dann ist sie darüber einerseits ein kleines bisschen verärgert und andererseits ein großes bisschen stolz. Ihr Garten unterscheidet sich von allen Gärten in dieser Straße.

Wenn man Eleonores Haus betritt, fällt einem in der Diele sofort der kostbare Designerlüster ins Auge. Der Fußboden ist aus edlem Holz und ein großer Spiegel ziert die Garderobe. Wenn Eleonore das Haus verlässt, wirft sie routinemäßig einen Blick in diesen Spiegel und nickt sich dabei anerkennend zu.

Das Wohnzimmer hat sie karg aber teuer eingerichtet. Sie liebt es, Räume spartanisch zu möblieren aber mit ausgefallenen Stücken von allerbestem Material. Alles wirkt kühl und gradlinig in ihrem Haus. Jedes Teil fügt sich zum anderen. Flachbildschirm und Stereoanlage hat sie von einem namhaften Hersteller erstanden. Beide stehen gut sichtbar an einer ansonsten leeren Wand, damit jeder Besucher beim Betreten des Raumes sie sofort bewundern kann.

Gardinen findet man bei Eleonore nicht. Zarte Seidenschals zieren ihre Fenster und an manchem hängen Vorhänge aus guten und teuren Materialien. Schwer fallen die Enden auf den Boden. Dass dies unpraktisch ist, weil Schmutz und Staub sich darin festsetzen, interessiert Eleonore nicht. Dafür ist dann ihre Putzfrau zuständig. Hauptsache, die Fenster sehen prächtig aus.

An den Wänden hängen Bilder wie in einer Galerie. Viele kleinere Originale von bekannten Künstlern aber auch große Poster, die aufwändig gerahmt sind.

In ihrem Büro zu Hause, das sie dafür nutzt, ihre Papiere und Unterlagen abzulegen, hängen Portraits von ihr. Auf einem der Fotos ist sie mit Porsche und Champagnerglas abgebildet. Der Porsche gehört einem weitläufigen Bekannten, aber das weiß ja der Betrachter nicht.

Auch wird Eleonore immer wieder darauf angesprochen, ob sie Fallschirm springt. Auf einem anderen Bild ist sie nämlich mit einer Fallschirmspringer-Ausrüstung zu sehen. Sie hatte zu ihrem letzten runden Geburtstag einen Fallschirmsprung als Geschenk bekommen. Es war allerdings nur ein sogenannter Tandemsprung, bei dem man nicht alleine selbständig springt, sondern an einen versierten Fallschirmspringer gegurtet ist.

Von diesem Foto wandern die meisten Augen zu dem Foto, auf dem Eleonore mit Taucherausrüstung zu sehen ist. Aber auch zu diesem Bild gibt es nicht viel, was sie erzählen könnte. Bei dem Pauschalangebot nach Ägypten war eben auch ein kleiner Tauchausflug dabei.

Eleonore hat sich vor einiger Zeit für viel Geld eine riesengroße exotische Pflanze gekauft, die jetzt das Wohnzimmer schmückt. Zum Glück hat ihre Putzfrau einen grünen Daumen, denn sie hat zu Pflanzen kein besonders inniges Verhältnis.

In Eleonores Küche mangelt es an nichts. Edelstahltöpfe in Glasvitrinen, noble Kochgerätschaften an Haken an der Wand, Herd, Kühlschrank, Spülmaschine - alles vom Feinsten. Alles ist ganz in weiß gehalten und piccobello aufgeräumt, dazwischen setzen kleine Blumentöpfe farbliche Akzente. Ob Eleonore in dieser Küche auch kocht, dafür gibt es keine Anzeichen.

Das Schlafzimmer ist sehr modern gehalten. Zum Glück ist der Raum so groß, dass Eleonore sich ein Ankleidezimmer bauen lassen konnte. Ihr Bett ist ein Unikat, das sie sich von einem Schreiner hat anfertigen lassen. Es ist wie eine übergroße „Schlafwiese". An der Wand gegenüber hat sich Eleonore einen Bildschirm installieren lassen, denn sie liebt es, abends Spielfilme zu sehen. Wenn sie dabei einschläft, macht das nichts, denn eine Zeitschaltuhr sorgt dafür, dass das Fernsehgerät sich irgendwann allein abschaltet.

Im Bad ist farblich alles aufeinander abgestimmt. Die Handtücher passen zu den Fußmatten und die passen zu den Fliesen. Die Armaturen sind ausgefallen und von bester Qualität. Das hat zumindest der Inhaber des Sanitätsgeschäfts gesagt. Ein Experte muss ja schließlich wissen, was Klasse hat. Eleonore hat ihm geglaubt und keine zweite Meinung eingeholt.

„Menschen wie Eleonore bevorzugen wenig Möbel. Diese sollten jedoch ausgefallen und von Designern sein."

Der Umgang mit Streit

Eleonore gehört zu den Menschen, mit denen man sehr schnell in Konflikt kommen kann. Sie will immer Recht haben und besteht auf das letzte Wort. Monologe findet sie für sich angemessen und Dialoge sind ihr zuwider. Wenn sie streitet, dann wird sie gerne laut. Auf jeden Fall lauter als ihr Gegenüber. Nach dem Streit hat Eleonore alles schnell vergessen. Der Streit ist vorbei, sie denkt nicht länger über Anlass oder Thema der Auseinandersetzung nach.

Letzten Monat war sie mit einem Arbeitskollegen aneinander geraten. Als sie ihre Argumente vorgebracht hatte und dachte, dass die Sache damit erledigt wäre, argumentierte der Arbeitskollege immer noch weiter, weil für ihn noch längst nicht alles geklärt war. Da platzte Eleonore der Kragen und sie entfachte einen neuen Streit. Am Ende konnte keiner mehr so genau nachvollziehen, welcher der eigentliche Anlass der Diskussion war.

Eleonore ist nicht nachtragend. Sie erledigt ein Streitgespräch direkt, hart, manchmal mit unfairen Mitteln und lässt es dann gut sein. Für sie ist dann alles wieder geregelt, auch wenn der Diskussionspartner noch an den Folgen des Streits zu nagen hat.

„Menschen wie Eleonore beenden Streitigkeiten schnell und wenden sich lieber der nächsten Aufgabe zu. Sie lassen sich durch einen Streit nicht beeinflussen.“

Bitten - Forderungen - Entschuldigungen

Jemanden um etwas zu bitten, fällt Eleonore sehr schwer. Um so mehr, da ihre Kollegin mit ihrer freundlichen Art fast immer bekommt, was sie will. Wenn Eleonore um etwas bittet, dann wirkt es sehr bemüht. Sie schleicht sich regelrecht an die Menschen an, von denen sie etwas haben möchte, und verteilt zunächst große Komplimente, um dann schließlich auf den eigentlichen Grund des Gespräches zu sprechen zu kommen.

Das Wort BITTE kommt ihr nur dann über die Lippen, wenn sie sich nicht mehr anders zu helfen weiß und sich darüber im Klaren ist, dass dieses Wort das „Zauberwort" ist.

Zum Ausgleich kann Eleonore sehr gut fordern. Ohne Hemmungen klagt sie ein, was sie gerne haben oder erledigt haben möchte. Damit der Angesprochene gar keine Möglichkeit hat, lange nachzudenken, ob er der Forderung nachkommen kann oder muss, unterstreicht Eleonore ihre Forderungen gerne mit ihrer ausdrucksvollen Körpersprache.

Noch schwerer als zu bitten ist es für Eleonore sich zu entschuldigen. Bei einem heftigen Streit mit ihrer Freundin Elke hat sie sich so echauffiert, dass sie mit Händen und Füßen geredet hat. Das hatte zur Folge, dass sie ein halbvolles Rotweinglas umwarf, so dass am Ende der helle Teppich voller Rotweinflecken war. Elke war am Boden zerstört. Eleonore ist wortlos aufgestanden und gegangen, ohne sich zu entschuldigen.

Da die beiden aber am nächsten Tag zum Shopping verabredet waren, griff Eleonore am Morgen zum Telefon und rief Elke an. Die Stimmung am anderen Ende der Leitung war etwas frostig. Eleonore meinte aber nur lakonisch, dass Elke sich nicht so anstellen solle und dass der Vorfall vom Vorabend doch längst Schnee von gestern sei. Für Elke war es leider nicht so.

Was Eleonore überhaupt nicht verstand, ist, dass alle Beteiligten sie misstrauisch anschauten, als sie sich nach einem Streit einmal ziemlich ausführlich entschuldigt hat. Alle schienen zu spekulieren, ob und was hinter ihrem Auftritt steckt.

„Menschen wie Eleonore fällt es schwer eine Bitte auszusprechen.
Sie haben jedoch keine Schwierigkeiten eine Bitte
in eine Forderung zu verpacken.
Sie haben ihre eigene Art der Entschuldigung,
die nicht jeder als solche erkennt.“

Niederlagen - Misserfolge

Eleonore kann gut mit Niederlagen und Misserfolgen umgehen, da sie weiß, dass sie gut ist. Wenn etwas nicht so läuft, wie sie es sich vorgestellt hat, dann ist jemand anderer daran schuld. Sie hält sich für unfehlbar und deshalb will und wird sie die Schuld nicht bei sich suchen.

Sie hat die besondere Gabe, sich nach einem Misserfolg zu schütteln wie ein nasser Hund, sich eventuell ein Opfer zu suchen, mit dem sie streiten kann oder sich anderweitig abzureagieren, um sich dann einer neuen Aufgabe zuzuwenden.

Eleonore sieht eine Niederlage oder einen Misserfolg als einen Tatbestand an, den man nicht weiter beachten sollte. Es gibt viel zu viele Aufgaben und Herausforderungen im Leben, als dass es sich lohnen würde, zu lange über das Nicht-Erreichte zu grübeln. Solche Vorfälle gehören sehr schnell der Vergangenheit an.

Sie lebt im Hier und Jetzt.

„Menschen wie Eleonore können gut mit Niederlagen und Misserfolgen umgehen, denn in ihren Augen haben sie keine. Wenn etwas schief geht, dann sind bei Menschen wie Eleonore immer die anderen schuld."

Unglück - Katastrophen

Wenn Eleonore Kummer hat, zeigt sie das nicht gerne. Sie tut alles Erdenkliche, um nach außen hin zu dokumentieren, dass es ihr nicht schlecht, sondern, im Gegenteil, ganz besonders gut geht. Sie findet, die Gefühle, die in ihr toben, gehen niemanden etwas an. Eleonore hat ein festes Bild von sich und das sagt: Du bist stark. Und das ist sie auch. Komme da, was wolle!

Beim Tod ihrer Tante hat sie sehr gelitten. Als ihre Arbeitskollegen sie aber auf das Thema angesprochen haben, erzählte sie, wie sehr sie ihrer Tante in den letzten Wochen beigestanden hat, wie sie sich um die medizinische Betreuung gekümmert hat, wie sie Himmel und Hölle in Bewegung gesetzt hat, um die richtigen Ärzte zu finden, usw. Sie musste sich mal wieder als Heldin darstellen, um nicht über ihre Gefühle reden zu müssen.

„Menschen wie Eleonore zeigen ihre wahren Gefühle nicht, wenn sie Kummer haben. Sie zeigen lieber, wie stark sie sind.“

Wenn Eleonore daran denkt, wie die Kollegen aus ihrer Abteilung reagiert haben, als am 11. September 2001 in New York das Attentat passierte ... Da kann sie heute noch nur mit dem Kopf schütteln. Sie erinnert sich mit Grauen daran, wie Martin sich, wie paralysiert, immer wieder die gleichen Szenen im Fernsehen ansah. Sie selbst hatte die Bilder sehr schnell satt und dachte lieber über Strategien nach, wie die Übeltäter gefasst werden könnten oder wie man in Zukunft solche schrecklichen Vorfälle verhindern könnte.

Lügen und was immer das auch ist

Die Freunde von Eleonore haben manchmal einen Blick, als ob Eleonore Lügengeschichten erzählen würde. Aber Eleonore bekommt das dann gar nicht richtig mit. Wenn sie etwas erzählt, dann versetzt sie sich in die jeweilige Situation und verliert dabei den Bezug zur Realität.

Eleonore fühlt sich von ihren Freunden oft unverstanden. Zum Beispiel rief sie im letzten Winter, als die ersten Schneeflocken fielen, sofort eine Freundin an und sagte ihr, dass bereits ein Meter Schnee liege. Diese war etwas verwundert und machte sie darauf aufmerksam, dass gerade mal der Boden bedeckt sei. Eleonores Antwort lautete: „Habe ich etwa ‚hier' gesagt?"

Wenn man sie fragen würde, wie sie über das Thema Ehrlichkeit denkt, dann würde sie durchaus zugeben, dass kleine Lügen erlaubt sind, um ans Ziel zu kommen oder um unangenehme Wahrheiten zu vertuschen oder um den Kopf aus der Schlinge zu ziehen.

Ganz enttäuscht war Eleonore von der Reaktion einer Bekannten von Martin, als diese sie einmal besuchte. Sie schaute sich mit erstauntem Blick im Haus um und fragte dann auch noch irgendwann, wo denn die vielen Zimmer wären, von denen Eleonore ihr am Telefon erzählt hatte. Da wurde Eleonore regelrecht ungehalten: Hatte ihr denn die Bekannte nicht richtig zugehört. Das Haus, das Eleonore beschrieben hatte, war das, was zwar in Planung ist, was aber noch weit weg von der Realisierung ist. Aber im Kopf besteht das Haus schon lange und sie kann doch wohl darüber reden!

Eleonore lebt gerne in Scheinwelten und erlebt darin auch ihre Träumereien als real. Aber das gibt sie nur ungern zu und erfindet bei Bedarf immer wieder neue Ausflüchte, um ihr Gesicht nicht zu verlieren. Ihre Erzählungen sind so mit Fakten ausgeschmückt und die Behauptungen so massiv, dass der Zuhörer erst einmal über sich ins Zweifeln kommt, wenn er mit den Tatsachen konfrontiert wird: Habe ich wirklich richtig zugehört?

Für Eleonore ist diese Art von Unwahrheit pure Realität. Sie glaubt in solchen Momenten selbst an das, was sie sagt. Mit großer Überzeugungskraft trägt sie in solchen Fällen ihre Erzählungen vor. Der ganze Körper erzählt dann mit. Niemand würde glauben, dass sie gerade die Unwahrheit sagt.

„Menschen wie Eleonore setzen Unwahrheiten gezielt ein, um Ziele zu erreichen. Oftmals ist ihnen nicht bewusst, dass sie lügen, denn sie leben für sich in einer Scheinwelt und glauben an das, was sie erzählen.“

Urlaub

Eleonore freut sich immer wahnsinnig auf ihren Urlaub. In diesem Jahr hat sie sich kurzfristig entschieden, nach Dubai zu fliegen. Natürlich mit Lufthansa, denn dort bekommt sie dann Meilen gutgeschrieben und behält ihren Status als Frequent-Traveller. Die Reise ist zwar dadurch teurer, aber der Status und die Annehmlichkeiten, die sie bekommt, sind ihren Preis wert.

In Dubai hat sie ein 5-Sterne-Hotel gebucht, in dem alles geboten wird: Swimming-Pool, Wellness-Bereich, mehrere Sterne-Restaurants, Casino, ein Kabarett, usw. Ob sie das alles nutzen kann, ist eher fraglich, denn ihr Urlaubsprogramm war in der Vergangenheit immer sehr voll gepackt, so dass kaum Zeit blieb, sich lange im Hotel aufzuhalten. Und Shoppen muss man ja auch!

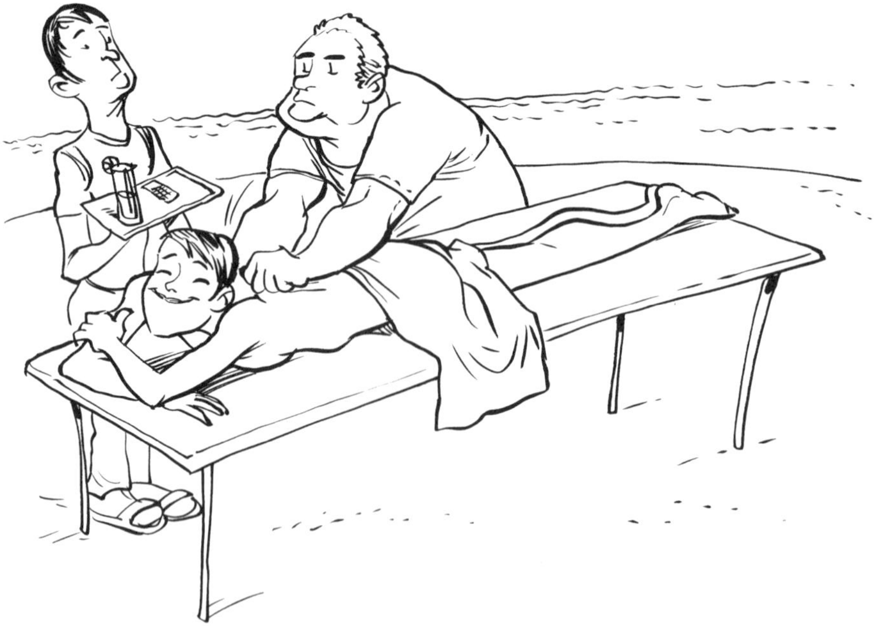

„Menschen wie Eleonore buchen gerne einen Luxusurlaub und fahren im Jahr öfter in Urlaub. Diese Reisen können sehr spontan gebucht werden und dann in der Vorbereitung in fürchterliche Hektik ausarten.“

Damit sie dafür genügend Geld hat, hat sie vorsorglich nur eine Woche gebucht. Außerdem wird es spätestens nach sieben Tagen am gleichen Ort langweilig. Sie mag es auch nicht, immer dieselben Leute um sich herum zu haben.

Vielleicht möchte sie im Herbst noch einmal spontan eine Woche in den Süden fahren, um Sonne zu tanken. Und am liebsten wäre sie an Weihnachten auch unterwegs, um der Gefühlsduselei zu Hause aus dem Weg zu gehen. Das alles kostet aber Geld. Jetzt ist es aber wichtig, dass das Hotel ihr „all Inclusive" bietet, der SPA- Bereich sehr großzügig bemessen ist, mehrere Bars im Haus sind, am Abend ein Show-Programm geboten wird und dass die Hotelgäste internationales Flair verströmen.

Vor dem Urlaub musste sie sich auch noch neu einkleiden. Der Bikini vom vergangenen Jahr, der ging gar nicht mehr. Schließlich gibt es in jedem Jahr neue Formen und Farben.

Außerdem musste sie auch noch die beiden bunten Kleider haben, die sie in einer Boutique gesehen hatte.

Im Vorjahr hatte sie viel weiß getragen, was sehr gut zu ihrer Sonnenbank-Bräune gepasst hatte, die sie sich bereits vor der Abreise zugelegt hatte. Sie kann es nicht leiden, wenn man in den ersten Urlaubstagen an der Hautfarbe sieht, dass sie gerade erst angekommen ist.

Sie musste auch noch zum Friseur, um sich die Haare färben zu lassen. Man weiß ja nie, ob man jemanden im Urlaub trifft, der vielleicht interessant ist.

Kurzum: Es gab noch viel zu tun. Und zwei Tage vor der Abreise hatte sie immer noch nicht alles erledigt.

Samstagmorgen um 06.15 Uhr ging es los. Freitagabend musste sie aber noch unbedingt zu einer Party gehen. Sie hat sich aber vorgenommen vernünftig zu sein. Vor der letzten Reise war es ähnlich.

Da kam sie um kurz nach 4.00 Uhr schwer angeheitert von einer Geburtstagsfeier nach Hause und hatte für 04.30 Uhr das Taxi bestellt. Das war dann gerade noch einmal gut gegangen.

Auto

Eleonore musste sich letztes Jahr ein neues Auto kaufen. Sie hatte eine ganz bestimmte Vorstellung, wie es sein sollte, als sie zum Autohaus ging. Es sollte eine Wirkung haben, dass alle, die es sehen, sofort denken, dass die Fahrerin nichts anderes als ein erfolgreicher Mensch sein kann.

Wie hoch der Benzinverbrauch ist, wie viel Steuern sie zahlen muss und wie teuer die Versicherung ist - das steht für Eleonore alles an zweiter Stelle. Als sie im Autohaus ihrer Wahl stand, hat sie sich vielmehr gefragt ob:

- die Farbe des Autos zu ihr passt
- das Modell das richtige für sie ist
- es nicht etwas gibt, um den Wagen schnittiger zu machen
- die anderen sie um diesen Wagen beneiden würden
- sie so mit dem Wagen wirkt, wie sie es sich vorstellt

Jeglicher Luxus war gerade gut genug für sie und die Liste der Zusatzausstattung lang: Sonderlackierung, breite Reifen, Sound-System, Schalensitze, Vier-Punkt-Gurte, usw.

Selbstverständlich bestellte sie sich die PS-stärkste Version des von ihr ausgesuchten Modells, damit sie auch Kraft und Schnelligkeit demonstrieren kann. Der Preis, den ihr der Autoverkäufer nannte, war dann auch entsprechend hoch. Aber eine Lösung war schnell gefunden: Sie strich einfach alle Ausstattungsteile von der Liste, die nicht zu dem erwünschten Image beitrugen.

Einer Sache ist sich Eleonore gewiss: Ihr Wagen wird niemals in einem derartig vernachlässigten Zustand sein wie der von Martin. Niemals! Bei ihr werden keine Zigarettenkippen den Aschenbecher verschmutzen und den Innenraum verpesten, sondern werden sofort aus dem Fenster geworfen. Krümel und Staub werden keine Überlebenschance auf den Fußmatten haben und jeglicher Abfall wird sofort entfernt werden. Kurzum: Ihr Auto wird gepflegt sein. Und zwar von fachmännischen Händen an der Tankstelle.

Eleonore hat sich schon Gedanken gemacht, welchen Wagen sie sich wohl kaufen wird, wenn sie mal eine Familie hat. Eins weiß sie ganz sicher: Solch ein altmodisches Gefährt, wie es bei der Nachbarfamilie mit ihren drei Kindern vor der Garage steht, kommt ihr nicht ins Haus!

Ihr ist schon klar, dass eine Familie einen größeren, praktischen Wagen erfordert. Aber selbst in diesem Segment gibt es doch Autos, die eine gewisse Ausstrahlung haben! Na ja, noch ist es ja nicht soweit.

„Menschen wie Eleonore denken beim Kauf eines Autos nicht an Kraftstoff-Verbrauch oder andere Folgekosten. Auch andere Menschen, die vielleicht Beifahrer werden könnten, spielen für sie als Single keine Rolle. Auf Aussehen und Klasse würden sie nur im Notfall verzichten. In solch einem Fall werden sie auch nicht von dem Auto sprechen, das sie gerade fahren, sondern von dem, das sie einst haben werden, wenn sich die Situation entsprechend verändert hat.“

Nachwuchs

Im Grunde will sie ja gar keinen Nachwuchs.

Denn sie stellt es sich schrecklich vor, wie ihre Figur darunter leiden würde und dass sie sich als Mutter dann nicht mehr all das erlauben könnte, was sie jetzt tut. Aber vielleicht kommt ja alles ganz anders.

Das ist Eleonores einzige Hoffnung:

Wenn sie einen reichen Mann kennenlernt und heiratet, dann hat sie sicher eine Kinderfrau und kann ihr freies Leben weiter leben. Und mit einem Personal-Fitness-Trainer wäre die Figur auch bald wieder die alte.

VOLKMAR
DER KOPFMENSCH

Volkmar unterscheidet sich grundlegend von Eleonore und Martin, denn er denkt eher abstrakt und setzt sich zudem permanent mit der Zukunft auseinander.

Bevor er etwas entscheidet, wägt Volkmar immer erst ab, welche Auswirkungen sein Handeln haben könnte. Er ist längst nicht so spontan wie Eleonore und versteht nicht, wie man, wie Martin, so aus dem Bauch heraus agieren kann.

Volkmar liebt es, im Privaten und Geschäftlichen Strategien zu entwickeln. Logik ist sein Steckenpferd. Dabei denkt er aber nicht lösungsorientiert, sondern betrachtet die Welt mit problemorientiertem Blick. Er handelt erst dann, wenn er alle Argumente abgewogen hat und sich ganz sicher ist, was für und was gegen eine Entscheidung spricht.

Letztes Jahr rief der Chef einmal Eleonore, Martin und Volkmar zu sich ins Büro. Das Sommerfest stand an. Eleonore sollte sich etwas Fetziges, Ausgefallenes für die Feier einfallen lassen. Martin sollte dafür sorgen, dass die Atmosphäre stimmt und Volkmar wurde die Verantwortung für die Organisation übertragen. Er überlegte genau, welche Speisen es geben sollte, ob tatsächlich mehrere Bier- und Schnapssorten nötig waren, stellte einen exakten Zeitplan auf und versuchte, die Kosten des Festes so niedrig wie nur möglich zu halten.

Der Plan umfasste die Zeit:

- vor der Feier
  - wer hat was zu machen
- während der Feier
  - wer tritt wann auf
- nach der Feier
  - wer ist für's Aufräumen zuständig, usw.

Die Feier wurde ein voller Erfolg, vor allem, weil Volkmar den Ablauf der Feier minutiös geplant hatte.

Natürlich hat der Chef die drei des Organisationsteams während der Feier gelobt, indem er sie alle auf die Bühne rief und ihnen Präsente überreichte.

Eleonore suhlte sich im Applaus, Martin war es unangenehm und Volkmar machte einfach einen Schritt nach vorne und deutete eine kleine Verbeugung an.

Ohne sichtbare Reaktion ging er mit seinem Präsent zurück an seinen Platz.

Für Volkmar ist es schwierig, seine Gefühle zu zeigen. Nur wenige Menschen lässt er an seiner Gefühlswelt teilhaben.

Eigentlich bekommen nur seine Partnerin, seine Kinder, sein bester Freund und eventuell seine Eltern diesen tiefer gehenden Einblick in sein Inneres.

Momente, wie die auf der Bühne, haben für ihn mit Gefühlen nichts zu tun. Er hatte eine Aufgabe übertragen bekommen, die hat er erfüllt und das mit 1000%iger Präzision. Alles wie immer.

Weil Volkmar an seinen Gefühlen niemanden teilhaben lässt und entsprechend wenig Gestik und Mimik zeigt, wirkt er auf andere oft unnahbar.

„Menschen wie Volkmar wirken zurückhaltend, kühl und nüchtern."

Manchmal wünscht sich Volkmar etwas mehr Spontaneität für sich, etwa wie Eleonore sie hat. Er ist immer so linien- und gesetzestreu. Auf dieses Verhalten kann man sich zwar verlassen und die Erfolge sind absehbar, aber die Fähigkeit zu schnellen und spontanen Entscheidungen fehlt ihm.

Volkmar arbeitet immer wieder mit Martin zusammen und muss sich mit ihm absprechen. Letzte Woche hatte er ein solches Gespräch mit ihm. Volkmar hat dafür von vornherein etwas mehr Zeit eingeplant, weil er genau weiß, dass Martin meist erst nach längerem Hin und Her auf den Punkt kommt. Volkmar mag Gespräche solcher Art eigentlich nicht, in denen der rote Faden verloren geht und die durch all zu viel Beiwerk geschmückt sind.

Was Volkmar aber so oder so nicht leiden kann, ist, wenn Martin Behauptungen in den Raum stellt, die er nicht belegen kann. Volkmar braucht Beweise und zwar schwarz auf weiß. Vermutungen und Phantastereien haben für ihn in der Berufswelt nichts verloren. Zahlen, Daten und Fakten — das sind die Tatsachen und die überzeugen.

„Menschen wie Volkmar bereiten ihre Gespräche sorgfältig vor und haben stets einen roten Faden. Für sie ist es wichtig, dass alles belegbar ist. Das erwarten sie von sich und von ihrem Gegenüber."

Nach diesem Gespräch wurden Aufgaben verteilt und jeder musste zu einem bestimmten Termin diese Aufgabe erledigt haben. Für Volkmar war das kein Thema. Er musste zwar wegen seiner Sonderaufgaben länger arbeiten, aber zu dem vereinbarten Termin war alles erledigt und er hatte sich sogar noch zusätzlich Gedanken gemacht. Martin hingegen brachte wortreich Entschuldigungen vor, warum er nicht fertig geworden war.

Er ist in seiner Abteilung sehr beliebt und verschiedene Kolleginnen versuchen immer wieder, ihre Sympathie in einer Umarmung zum Ausdruck zu bringen. Das kann er überhaupt nicht leiden. Mit Zuneigung und Äußerungen der Zuneigung geht Volkmar sehr sparsam um. Für ihn ist es schon zu dicht, wenn Martin im Büro sich direkt neben ihn setzt. Er mag Martin, aber er mag keine Körpernähe von Menschen, mit denen er nicht wirklich gefühlsmäßig verbunden ist.

Das ist bei Menschen wie Volkmar die untere Armlänge, bis hin zum ausgestreckten Arm. Bei der Begrüßung lieben sie es auch, nicht die Hand zu geben, sondern nur mit dem Kopf zu nicken oder mit Worten zu grüßen.

„Menschen wie Volkmar mögen keinen zu engen Körperkontakt. Sie erwarten von den anderen, dass sie den Sicherheitsabstand einhalten.“

Wenn sich Volkmar aber einem Menschen gegenüber „öffnet" und signalisiert, dass er ihn mag, dann hat derjenige einen Freund gefunden. Wahrscheinlich einen Freund fürs Leben. Egal wie nah oder weit man voneinander weg lebt. Seine Freundschaft hält räumliche Trennungen gut aus.

Volkmar hat zum Beispiel einen Freund, der im Management einer bekannten Hotelkette arbeitet. Dieser Freund ändert seinen Wohnsitz wie andere Menschen die Urlaubsziele. Das hat zwar den Kontakt erschwert, aber die Freundschaft nicht beeinträchtigt. Wenn man die Freunde bei ihren seltenen Telefonaten belauscht, dann machen sie den Eindruck, als ob sie tagtäglich miteinander sprechen würden. Dieser Freund hört ihm zu, wenn er Sorgen hat. Aber darüber spricht er eigentlich nicht gerne.

*„Menschen wie Volkmar schließen nicht schnell Freundschaft.
Wenn sie es aber tun, dann langfristig.
Der Kontakt muss nicht im Rahmen fester Zeiten
und Vereinbarungen ablaufen.
Man hört und sieht sich in unregelmäßigen Abständen.
Aber jeder weiß, dass man sich in der Not
auf den anderen verlassen kann."*

Erst letzte Woche hatte er Ärger mit einem Arbeitskollegen, der einen anderen Kollegen ungerecht behandelt hatte. Das kann Volkmar überhaupt nicht leiden. Aber er wusste auch nicht, wie er dem Kollegen zu verstehen geben konnte, dass es ungerecht war, wie er agierte. Als Reaktion zog sich Volkmar am Abend zurück und grübelte vor sich hin. Er sprach mit niemanden darüber.

Durch dieses „Verschließen" wirkt er auf andere manchmal depressiv.

Volkmar weiß damit umzugehen. Wenn er wirklich einmal depressiv ist, dann kommt er aus eigener Kraft aus diesem Tief wieder heraus.

Bei seinem Kollegen Martin ist das anders. Das hat er schon bemerkt. Dieser suhlt sich regelrecht in seinen traurigen Gefühlen.

„Menschen wie Volkmar möchten andere nicht mit ihrem Kummer belästigen. Deshalb lösen sie ihre Probleme lieber selbst. Man braucht viel Fingerspitzengefühl, damit sich Menschen wie Volkmar öffnen."

Volkmar vergisst nichts, speichert alles ab und ist sehr nachtragend.

Bei Streitigkeiten holt er aus seinem Gedächtnis alle Einzelheiten des Falls hervor. Mit genauen Orts- und Zeitangaben.

„Menschen wie Volkmar sind sehr nachtragend. Sie sagen lange nichts, auch wenn ihnen Unrecht geschieht. Wenn das Fass aber zum Überlaufen kommt, dann kommt alles raus. Selbst nach der Schlichtung eines Streits kann es passieren, dass Volkmar die Konfliktpunkte immer wieder thematisiert.“

Volkmar ist auf die Sicherheit anderer Menschen sehr bedacht. Er bedenkt immer Gefahren und versucht, sich und andere davor zu schützen.

Kleidung

PRIVAT GESCHÄFTLICH

Volkmar versteht nicht, warum Eleonore sich ständig neue Kleidung kauft. Seine Garderobe ist in Kategorien eingeteilt.

- Privat
- Geschäftlich
- Ausgeh- bzw. Abendkleidung

Von jeder Sorte hat er genug.

Volkmar achtet darauf, dass die Kleidung der Situation angepasst ist. Eleonore hat Volkmar schon oft angeboten, mit ihm einkaufen zu gehen. Sie zeigt ihm moderne und pfiffige Kombinationen, die in Prospekten abgebildet sind. Aber Volkmar will nicht pfiffig sein. Er liebt konservative Kleidung und achtet eher auf Qualität. Seine Anzüge und Hemden sind zeitlos und in Farbe, Passform und Schnitt nicht auffallend.

In seiner Freizeit kleidet sich Volkmar praktisch und robust. Kleidung, die sich leicht pflegen lässt und die auch noch nach mehrmaligem Waschen aussieht wie am ersten Tag. Bei ihm wandert selten etwas in die Altkleidersammlung, denn Volkmar liebt seine Kleidung und trägt sie jahrelang.

ABENDS SOMMER

Er kennt einen guten Schneider, der in der Lage ist, zerschlissene Stellen sehr professionell zu flicken. Sein Lieblingshemd wurde dadurch vor dem Altkleidersack gerettet.

Dass das Hemd geflickt ist, kann man auch bei näherem Hinsehen nicht erkennen.

Wenn Volkmar mit seiner Frau einkaufen geht, dann gibt es gelegentlich ein wenig Streit. Seine Frau mag nicht, dass Volkmar sich immer Sachen kauft, die denen ähneln, die er bereits im Schrank hängen hat. Volkmar hingegen ist der Auffassung, dass neue Kleidung zur alten passen muss.

Letzte Woche waren sie in der Stadt, um ein Kleid für seine Frau für einen Konzertbesuch zu kaufen. Und das war das Konzert, bei dem sie Eleonore trafen. Volkmar selbst fühlte sich ausreichend mit festlicher Kleidung ausgestattet. Er sucht sich seine Abendkleidung nach dem Motto aus: gute Ware, zeitlos und elegant.

Durch eine gezielte Auswahl sind seine Anzüge über viele Jahre tragbar. Auch deshalb, weil Volkmar auf seine Figur achtet. Und wenn hin und wieder eine Hose zu eng wird, muss der Schneider halt mal wieder ran. Volkmars Frau ist oftmals entsetzt, weil er für einzelne Kleidungsstücke so viel Geld bezahlt. Mit diesen Beträgen würde sie einen halben Kleiderschrank voll bekommen. Aber für Volkmar sind Qualität, Aussehen und Langlebigkeit maßgebend. Der Preis spielt eine untergeordnete Rolle.

„Wenn Menschen wie Volkmar auffallen,
dann durch ihre aus der Mode gekommenen Kleidungsstücke.
Sie kleiden sich eher konservativ,
der Situation angepasst
und mit Kleidungsstücken von sehr guter Qualität.“

Volkmar trägt im Büro gerne unauffällige aber hochwertige Kleidung. Als er vor Jahren bei der Firma als Lehrling angefangen hat, gab es noch Berufskleidung, die einmal in der Woche zum Waschen abgeholt wurde und gereinigt und gebügelt zurückkam.

Es war immer sehr deutlich, wem welche Kleidungsstücke gehörten: Bei der Wäsche von Martins Sachen fanden sich oft Papiertaschentücher, Bonbonpapierchen und persönliche Kleinigkeiten in den Taschen. Wenn etwas zerrissen war, dann legte Martin einen kleinen Zettel mit einer langatmigen Entschuldigung dazu, in der er erklärte, wie der Riss entstanden war. Was er meistens vergaß, war, den Riss für die Näherin zu kennzeichnen, was viel wichtiger gewesen wäre.

Die Wäsche einer Kollegin, die Eleonore sehr ähnelte, roch dagegen immer stark parfümiert und oftmals war sie mit Schminke verschmiert. Wenn etwas zerrissen war, dann war sie der Meinung, dass Hinweise darauf nicht nötig waren, weil die Reinigungsfirma es gefälligst zu bemerken hatte. Dafür wurde sie ja schließlich bezahlt.

Volkmars Berufskleidung war dagegen immer ohne Beanstandung. Verschmutzungen kamen nur von der Arbeit. Seine Taschen waren stets leer und die Kleidung wanderte zusammengelegt in die Wäsche. Es kam äußerst selten vor, dass Volkmar einen Riss in der Hose hatte. Passierte dies aber, dann markierte Volkmar die Stelle und die Reinigungsfirma konnte ohne langes Suchen die Sachen flicken.

„Für Menschen wie Volkmar ist einheitliche Arbeitskleidung durchaus sinnvoll. Sie können sich auch ohne Mühe der Uniformität anpassen."

Handtaschen

Volkmar hat sich vor Kurzem einen modernen Rucksack mit einem Gurt aus gutem Leder gekauft. In dem kann er jetzt alles, was er benötigt, mitnehmen:

- Geldbörse
- Taschentuch
- Schlüssel
- Kamm

Manchmal nimmt Volkmar sein Handy mit, obwohl er es nicht ausstehen kann, wenn es dauernd klingelt.

Seine Frau möchte ihn aber immer erreichen können, ganz besonders, wenn er unterwegs ist.

Er kommt diesem Wunsch gerne nach und packt das Handy ein.

Leider vergisst er es oft einzuschalten.

„Menschen wie Volkmar haben einen kleinen Rucksack. In diesem findet man nur das Nötigste, das eventuell gebraucht werden könnte.“

Plastiktaschen

Letzte Woche hat Volkmar sich über Martin mächtig amüsiert, obwohl für den die Angelegenheit nicht so lustig war. Auf dem Weg zur Arbeit waren die Henkel von Martins Plastiktüte abgerissen und die Äpfel, die er für die Abteilung mitgebracht hatte, kullerten munter über den Flur. So etwas würde Volkmar nie passieren. Er achtet immer darauf, dass seine Plastiktüten stabil und reißfest sind.

„Menschen wie Volkmar wählen immer stabile Plastiktüten, die „versprechen“ nicht zu reißen. Denn das Einzige, was wichtig ist, ist, dass die Dinge, die transportiert werden, sicher und ohne Komplikationen ans Ziel kommen.“

Geldbörsen

Vor langer Zeit ist Volkmar aufgefallen, dass sein Kollege aus der Nachbarabteilung das Geld lose in der Hosentasche trägt. Volkmar ist der Meinung, dass Geld in eine Geldbörse gehört. Seine ist zweckmäßig und er benutzt sie schon ziemlich lange. Zugegeben, sie ist schon etwas abgewetzt und ausgebeult. Aber sie erfüllt durchaus noch ihren Zweck und das ist für Volkmar das Wichtigste.

Volkmar weiß genau, was er im Geldbeutel hat:

- eine EC-Karte,
- wenn er die Absicht hat, größere Einkäufe zu tätigen, die Kreditkarte
- die Krankenkassenkarte
- eventuell eine Telefonkarte
- einen Zettel mit seiner Adresse
- Blut- und Organspendeausweis
- Geld, aber nicht zu viel

„Menschen wie Volkmar haben in ihrem Geldbeutel nur das Nötigste. Er muss praktisch und beständig sein und ist ein jahre- bis jahrzehntelanger Begleiter seines Besitzers."

Brillen

Volkmar besitzt zwei Brillen: Eine mit der aktuellen Dioptrinzahl und die Vorgängerin, die er für den Fall aufbewahrt, dass seine aktuelle einmal kaputt oder verloren geht. Sie hat zwar nicht die richtige Sehschärfe, aber für den Notfall ist sie allemal geeignet.

Seine Brillen sind wie seine Kleidung: klassisch und zeitlos. Im Gegensatz zu Martins findet man in Volkmars Brillenetui außer der Brille nur noch ein Reinigungstuch. Das Etui dient nur dem Schutz der Brille und muss keinen anderen Kriterien, wie Mode etc., gerecht werden.

Volkmar weiß, dass er bald wieder eine neue Brille braucht. Nach dem Kauf der letzten Brille hat er sich gefreut, dass eine Kollegin ihm rückmeldete, dass ihm das neue Modell gut steht. Ihr war der Kauf aufgefallen, aber sie lobte ihn nur diskret. Das fand Volker angenehm.

Eleonore war Volkmars neue Brille natürlich nicht aufgefallen. Als sie endlich bemerkte, dass die Brille die Ursache dafür war, dass Volkmar „irgendwie" anders aussah, kommentierte sie laut, - dass es auch jeder hören konnte -, dass er sich ruhig ein individuelleres Modell hätte kaufen können. Diese Brille sei für seinen Typ einen Tick zu schlicht!

„Menschen wie Volkmar lassen regelmäßig ihre Sehschärfe überprüfen und die Brillengläser anpassen. Der Stil der Brille ist meistens nicht auffallend und neutral. Eben passend zu jedem Kleidungsstück. Oft wird die alte Brille mit der geringeren Sehstärke als Reserve für unvorhersehbare Ereignisse aufbewahrt."

Kopfbedeckungen - Hüte

Volkmar liebt Kopfbedeckungen und für diese Liebe gibt es viele Gründe. An erster Stelle steht das Klima. Im Winter braucht er eine Mütze, um Kopf und Ohren warm zu halten. Im Sommer trägt er gern eine Kappe, um die Kopfhaut vor der starken Sonneneinstrahlung zu schützen. Die Schirmmütze schenkt seinen Augen im Sommer Schatten. Wenn er zum Joggen geht, dann zieht er seine Strickmütze an. Volkmar hat für jede Gelegenheit eine Kopfbedeckung.

Neben der Zweckmäßigkeit tragen Mützen, Hüte und Kappen auch zur Erscheinung bei. Aber das kommt bei Volkmar erst an zweiter Stelle. Ein weiterer guter Grund Kopfbedeckungen zu tragen, ist der Sport: Volkmar fährt viel Fahrrad und trägt dabei, so wie es die Vorschrift will, natürlich einen Fahrradhelm.

„Menschen wie Volkmar tragen Kopfbedeckungen aus Anlässen wie Klima, Aussehen (nicht um aufzufallen), Sicherheit und zum Sport.“

Frisuren

Volkmar ist bei der Wahl seiner Frisur eher aufs Praktische oder aufs Konventionelle eingestellt. Seine grauen Haare kümmern ihn wenig. Volkmar kommt gar nicht auf die Idee, seine grauen Schläfen mit Farbe abzudecken.

Aber er geht regelmäßig zum Friseur, um stets gepflegt zu wirken und seinen Vorstellungen und der anderer zu entsprechen. Den Folgetermin vereinbart er immer gleich, wenn er seinen Haarschnitt bezahlt. Kann er diesen Termin nicht einhalten, dann sagt er zuverlässig ab.

Sein Kollege Martin ist da sehr nachlässig, denn er vergisst immer mal wieder bei Verhinderung abzusagen und muss deswegen den Friseur sehr häufig wechseln, weil es ihm unangenehm ist.

Volkmar ist außerdem sehr ordentlich: Er ist seinem Friseur treu. Schließlich will er mit seiner Frisur immer gleich gut aussehen. Und das geht am ehesten, wenn immer der gleiche Friseur ihm die Haare schneidet.

„Menschen wie Volkmar haben stets eine korrekte Frisur."

Schuhe

Volkmar hasst es, Schuhe zu kaufen. Früher wurde man im Schuhgeschäft wenigstens noch anständig beraten! Heute ist man völlig sich selbst überlassen. Aber Volkmar hat sowieso genaue Vorstellungen von dem, was er und seine Füße brauchen, und findet zur Not auch ohne Beratung das, was er sucht..

Seine Schuhe müssen

- der Gesundheit dienen
- einen guten Stand vermitteln
- bequem sein
- und zu einer Vielzahl von Kleidung passen

Der Preis spielt keine Rolle. Deshalb bezahlt er gerne ein wenig mehr und geht in Fachgeschäfte, wenn er dort gut beraten wird. Vor Schuhverkäufern hat Volkmar den größten Respekt. Wie muss diesen wohl zu Mute sein, vor wildfremden Menschen niederzuknien - mit deren Füßen und den dazu gehörigen Ausdünstungen so dicht vor der Nase.

Eleonore dagegen fühlt sich „über" Schuhverkäufern stehend. Bei einem Pausengespräch gab sie Volkmar einmal zu verstehen, dass sie der Ansicht ist, dass jeder Mensch den Beruf hat, den er verdient. Und damit basta. Und dies gälte eben auch für Schuhverkäufer. Volkmar wäre beinahe geplatzt, aber dann erinnerte er sich, dass es nirgendwo hinführt, wenn man mit Eleonore diskutiert. Von einer einmal gefassten Überzeugung lässt sie nicht mehr abbringen, außer sie sieht einen Vorteil für sich.

„Menschen wie Volkmar achten beim Schuhkauf auf Gesundheit und guten Stand. Die Schuhe müssen bequem sein und zu allem passen."

Der Gang

Volkmar geht aufrecht und hat die Arme dabei am Körper herunterhängen. Das sieht dann oft so aus, als wäre er mit einem Schlüssel im Rücken aufgezogen worden.

Eleonore erschreckt oft, wenn er plötzlich und leise hinter ihr steht. Sie hört ihn einfach nicht kommen. Dann regt sie sich auf und schimpft, dass Volkmar sie belauschen würde. Natürlich tut er das nicht. Volkmar tritt einfach leise auf. Er macht auch kleinere Schritte als andere Kollegen.

„Menschen wie Volkmar gehen aufrecht mit nicht allzu großen Schritten. Die Arme sind dabei am Körper anliegend. Der Gang wirkt sehr ruhig."

Das Zuhause

Volkmars Haus und Grundstück sind mit einem zweckmäßigen und praktischen Zaun umgeben Dieser hat nichts Auffallendes und ist leicht zu pflegen. Das Material ist sehr robust und wetterbeständig. Er hat den Zaun beim Fachhändler gekauft, weil er weiß, dass dort Qualität geboten wird. Er hatte sich im Vorfeld der Anschaffung gut informiert und dabei auch Preisunterschiede festgestellt. Aber auch hier stand für ihn an vorderster Stelle Qualität, denn der Zaun soll ja sehr lange halten. Ein höherer Preis macht sich dadurch bezahlt, dass man nicht alle paar Jahre wieder den Zaun austauschen muss.

Der Vorgarten ist gradlinig und einfach angelegt. Er ist durchbrochen von einem Kiesweg, auf dem man zur Haustür kommt. Die Blumenbeete sind so angelegt, dass man sie gut begießen kann, ohne dass man sich die Schuhe schmutzig macht.

Bei der Wahl der Haustür hat er darauf geachtet, dass sie zweckmäßig und sicher ist. Volkmar hat sich lange in Fachzeitschriften informiert, worauf er in punkto Sicherheit einer Haustüre achten muss. Weil er weiß, dass Einbrecher nicht unbedingt durch die Haustüre kommen, hat er im Zuge dieser Recherche sich auch über andere Sicherheitsmaßnahmen informiert. Die Lichtschächte zum Keller sind jetzt nicht nur vor Blättern und Insekten geschützt, sondern sie sind auch einbruchsicher. Im Kellerabgang wurde ein Bewegungsmelder installiert, der ungebetene Gäste abschrecken soll.

Einbrecher haben es bei Volkmar schwer.

Neben der Haustür findet sich ein Blumenkübel, der die nüchterne Hausfront etwas hübscher erscheinen lässt.

Im Haus ist alles praktisch geregelt und an seinem Platz. Auch die Zimmer sind logisch angeordnet. In der Diele befinden sich die Garderobe, ein Schuhschrank, ein Spiegel, mehrere Kleiderhaken für Jacken und Mäntel und eine kleine Ablage, um eben mal schnell die Schlüssel abzulegen. Aber ihren endgültigen Platz finden sie in der Regel in einem kleinen Schlüsselschränkchen neben der Garderobe.

Als Volkmar und seine Frau das Haus bezogen haben, wollten sie es auch neu einrichten.

Um die neuen Möbel zu kaufen, sind sie in das beste Möbelhaus am Platz gegangen und haben sich dort beraten lassen.

Der Verkäufer verstand schnell, was sie suchten und führte sie direkt zu den Möbelabteilungen mit den exklusiven Möbeln.

Nachdem sie ihre Wahl getroffen hatten und die Bestellung abgeschlossen war, wurden die beiden gebeten, einen Fragebogen auszufüllen.

Die erste Frage lautete:

Wie viele Generationen von Möbeln waren vor dem Kauf der neuen Möbel in Ihrem Besitz?

Die Antwort darauf war für Volkmar und seine Frau einfach: Eine!

Volkmars Frau hatte nach dem Kauf Grund zu doppelter Freude: Erstens über die neue Küche und zweitens, dass sie den alten Herd in den Keller stellen und dort guten Gewissens zum Beispiel Fisch anbraten konnte, ohne dass der Fisch- und Fettgeruch tagelang im ganzen Haus hing.

Mit dem Wohnzimmer war es ähnlich. Die erste Couch-Garnitur verwandelte sich mit dem Kauf der neuen in die Einrichtung des Gästezimmers.

Eine neue Schlafzimmereinrichtung brauchten sie nicht. Schließlich sind das Bett und der Schrank aus Echtholz, sehr stabil und zeitlos schön. Aber neue Matratzen haben sie sich geleistet. Die alten waren durchgelegen und durch häufiges Reinigen bereits ziemlich abgenutzt.

Die zweite Frage war:

Sparen Sie für Ihre Anschaffungen?

Ihre Antwort lautete natürlich: JA. Es wird erst gekauft, wenn Geld vorhanden ist. Ratenkauf ist nicht Volkmars Art. Das sieht natürlich bei der Abzahlung des Hauses anders aus. Aber die Kredite sind überschaubar, die Konditionen klar und die monatlich zu zahlenden Beträge kalkulierbar.

Die dritte Frage lautete:

Wie zahlen sie?

- Bar
- mit Scheck
- sofort/bei der Montage
- per Überweisung

Barzahlung kommt für ihn nicht in Frage, da er ungern größere Geldbeträge bei sich trägt. Den Monteuren das Geld zu geben, kommt auch nicht in Frage. Sein Zweifel ist: Kommt das Geld auch wirklich dort an, wo es hingehört?

Die vierte Frage lautete:

Wie waren Sie mit dem Einkauf zufrieden?

Da musste Volkmar seine Eindrücke schildern. Er fand es gut, dass der Verkäufer ihn nicht lange durch die Gänge geführt hat. Volkmar mag es, wenn Menschen zielsicher sind. Der Verkäufer sprach zudem eine Sprache, die Volkmar ganz und gar behagte. Er sagte nur das Nötigste und das bezog sich auf die Beschaffenheit der Möbel. Volkmars Fragen wurden schnell und knapp beantwortet. Sehr gut.

Volkmar wird das Einrichtungshaus sicher weiterempfehlen.

„Menschen wie Volkmar achten beim Kauf von Einrichtungsgegenständen auf Qualität und Neutralität."

Sauberkeit und Hygiene

In Volkmars Haushalt spielen Sauberkeit und Hygiene eine sehr große Rolle. Er und seine Frau mögen es überhaupt nicht, wenn man die „gute Stube" mit Straßenschuhen betritt.

Sie sind in ihrem Freundeskreis dafür bekannt, dass in ihrer Wohnung Gäste ihre Schuhe in der Diele lassen. Je vertrauter sie mit einem Gast sind, desto selbstverständlicher stellen sie diese Bitte.

Als letzten Monat Volkmars Chef kam, behielt der natürlich seine Schuhe an. Volkmar und seine Frau haben nichts gesagt. Dafür verbrachte seine Frau den ganzen nächsten Tag, um die Wohnung gründlich sauber zu machen. Sie wischte das Wohn- und Esszimmer feucht auf und die Toilette wurde mit Desinfektionsmittel behandelt.

„Menschen wie Volkmar achten sehr genau auf Sauberkeit. Manchmal zu genau."

Umgang mit Streit

Will man mit Volkmar streiten, dann muss man Zeit und viel Geduld mitbringen. Er ist nämlich sehr feinfühlig und hört sehr genau alle Zwischentöne. Leider reagiert er oft nicht darauf. Ungerechtigkeiten werden geschluckt, Vorwürfe kommen in den Seelenkeller. Volkmar grübelt und überlegt, warum Menschen etwas sagen, aber er spricht mit ihnen nicht darüber.

Erst letzte Woche hat er sich mit seiner Frau gestritten. Sie warf ihm Dinge vor, die er gar nicht getan hatte. Er ist dann einfach aufgestanden, nach draußen gegangen und hat den Rasen gemäht.

Seine Frau wunderte sich nicht wirklich. Nach Streitigkeiten zieht sich Volkmar oft zurück und redet dann stundenlang, manchmal tagelang, nicht mit ihr.

Als sie abends das Schweigen nicht mehr aushielt, bat sie um eine Klarstellung. Aber Volkmar war mit seinen Überlegungen zu dem Thema noch nicht am Ende und lenkte das Gespräch in andere Bahnen.

Volkmar wird sich die Behauptung seiner Frau merken. So etwas Ähnliches hat sie schon einmal gesagt. Das ist zwar schon ein Jahr her, aber wenn sie noch mal damit kommt, dann wird Volkmar ihr aufzählen, wie oft sie bereits mit dem gleichen Vorwurf daneben lag. Volkmar weiß, dass er sehr nachtragend ist. Dieses Wissen nützt ihm allerdings wenig: Er vergisst dennoch nichts.

„Menschen wie Volkmar können einen andauernden Streit ausblenden und sich auf die bevorstehenden Arbeiten konzentrieren.“

Bitten - Forderungen - Entschuldigungen

Letzte Woche bekam Volkmar im Büro eine Aufgabe auf den Tisch, die ihm sehr umfangreich erschien. Sie sollte bereits nach drei Tagen fertig sein. Volkmar hat lange überlegt, ob er jemanden aus der Abteilung um Unterstützung bitten sollte. Dann kam er zu dem Ergebnis, es erst einmal alleine zu versuchen. Er musste zwar an allen drei Tagen bis in den Abend bleiben, aber dafür musste er nicht fremde Fehler in Kauf nehmen. Alles in allem ist alles gut gegangen und nach drei Tagen lag die Arbeit fertig auf dem Tisch. Vermutlich gerade, weil er alles alleine angepackt hat und sich nicht mit anderen absprechen musste.

Er weiß, dass es ein großer Fehler von ihm ist, aber er kann Arbeit einfach nicht delegieren, obwohl sein Chef sich das wünscht. Dabei fällt es ihm eigentlich nicht schwer, jemanden um etwas zu bitten.

Wenn er bedenkt, wie Eleonore in solchen Situationen vorgeht ... Bei ihr ist jede Bitte ein Befehl. Sie bittet in einem sehr scharfen Ton. In den seltenen Fällen, wenn Volkmar Hilfe braucht, trägt er seine Bitten sehr sachlich und ohne Emotion vor. Er legt aber Wert auf pünktliche Erledigung und überprüft immer wieder, wie weit der Kollege ist.

Im letzten Monat, da war es wieder einmal so weit: Die Arbeit wuchs ihm schier über den Kopf. Der Vorstand brauchte dringend eine Statistik und er war verantwortlich für den Inhalt und für die pünktliche Abgabe.

Volkmar wurde richtig ungeduldig den Kollegen gegenüber. Es ging sogar so weit, dass er laut und teilweise sehr zynisch wurde. Er findet, dass auch er ein Recht auf Gefühle hat. Auch wenn diese zynisch sind. Weil er aber gleichzeitig einen ausgeprägten Gerechtigkeitssinn hat, hat er sich bei einer Kollegin, die besonders betroffen war, danach entschuldigt. Die konnte nun wirklich nichts dafür!

Entschuldigungen fallen ihm nicht schwer und er meint sie immer ernst. Nicht wie Eleonore, die sich nur dann entschuldigt, wenn sie damit etwas bezwecken kann.

*„Menschen wie Volkmar überlegen erst,
ob man jemanden um etwas bitten kann.*

*Forderungen stellen sie nur dann,
wenn diese auch begründet sind.*

*Sein Sinn für Gerechtigkeit
machte es ihm leicht,
sich zu entschuldigen.“*

Niederlagen - Misserfolge

Gestern kam Martin zu Volkmar ins Büro. Volkmar sah sofort, dass mit Martin etwas nicht stimmte. Er wirkte sehr niedergeschlagen und seine Stimme klang leise und traurig. Martin hatte einen Misserfolg erlebt. Volkmar versteht nicht, dass es immer wieder Martin trifft. Er hatte auch schon hin und wieder einen Misserfolg, aber dann findet er die Ursache und der Fall ist bald gelöst.

Bevor Volkmar eine Aufgabe angeht, prüft er, welche Schritte erfolgversprechend sind. Er wägt das Für und Wider ab.

Kommt es trotzdem zu einem Misserfolg, dann analysiert er, wie es dazu kommen konnte. Fehler und Schwachpunkte merkt er sich, damit die gleichen Probleme in Zukunft nicht mehr auftreten. Liegt der Fehler bei ihm selbst, so braucht er lange, um sich zu verzeihen. Obwohl doch alle Menschen hin und wieder Fehler machen.

„Menschen wie Volkmar schauen sich Niederlagen und Misserfolge genau an und analysieren die Ursachen, um daraus zu lernen.“

Lügen

Oh, wie enttäuscht war Volkmar, als er feststellte, dass ein Arbeitskollege ihn angelogen hatte. Volkmar versteht die Menschen nicht, die lügen, ohne an Konsequenzen auch nur im Geringsten zu denken.

Für ihn kommt so etwas nicht in Frage. Obwohl er zugibt, dass auch er schon einmal die Unwahrheit gesagt hat. Aber das hat man ihm bestimmt gleich angemerkt. Wenn er schwindelt, dann wird er nämlich verlegen, räuspert sich, die Gedanken werden wirr und sein Körper unruhig. Wenn er lügt, dann hat er einen guten Grund. Etwa, weil er einen Kollegen schützen oder nicht enttäuschen will.

Aber eigentlich ist Volkmar der Meinung, dass sich Lügen nicht lohnen. Die Wahrheit kommt irgendwann ja doch heraus.

„Menschen wie Volkmar lügen ganz selten.

Sie sind der Meinung, dass Lügen sich nicht auszahlen und früher oder später die Wahrheit ans Licht kommt."

Urlaub

Volkmar freut sich auf den Sommer. Es sind zwar noch acht Monate bis dahin, aber die Reise ist schon längst gebucht. Volkmar und seine Frau waren sich einig, eine Kulturreise zu machen.

Mit dem Tag der Buchung begann Volkmar, sich auf die Reise vorzubereiten. Er kaufte sich Bücher und Reiseführer. Außerdem legte er sich einen Ordner für Zeitungsartikel und Prospekte an. Darin zu finden ist auch ein Block, auf dem er sich notiert, was er alles sehen und erleben will. Neben dem organisierten Programm bleibt nur wenig Zeit, alle Sehenswürdigkeiten zu besuchen. Volkmar und seine Frau haben dafür nur wenige Nachmittage frei, die sie selber gestalten können. Deswegen will er sich im Vorfeld gut informieren, damit er planen kann.

„Menschen wie Volkmar planen den Urlaub akribisch - auch Erkrankungen und schlechtes Wetter.“

Nach der Rundreise haben sie dann noch eine Woche Zeit für sich. Dann wollen sie mit einem Mietwagen noch eine andere Gegend erkunden. Er ist ein wenig unsicher, ob er bei der Buchung des Mietwagens eher auf Sicherheit oder auf Luxus achten soll? Nächste Woche muss diese Entscheidung fallen.

Seine Frau hat ihm zum Geburtstag ein Reisetagebuch geschenkt. Er wird darin alle Ereignisse und die schönen Augenblicke festhalten, damit nichts in Vergessenheit gerät. Zu Hause wird er dann noch die Bilder hinzufügen, um einen anschaulichen Reisebericht zu haben. Im Winter werden sie dann Zeit und Muße haben und sich an den Erinnerungen erfreuen.

Nächsten Monat wollen Volkmar und seine Frau sich um die Kleider kümmern, die mit auf diese Reise sollen. Sie müssen sich überlegen, was in den Koffer soll. Sie haben sich diesmal entschlossen, zwei Koffer statt einen gemeinsamen mitzunehmen. Im Reisebüro hat man sie allerdings beruhigt und gemeint, der Reiseveranstalter würde sich so oder so um das Gepäck kümmern - egal, ob ein oder zwei Koffer. Volkmar ist das gar nicht recht. Er will wissen, was mit seinem Gepäck geschieht.

Am liebsten möchte er sich selbst darum kümmern.

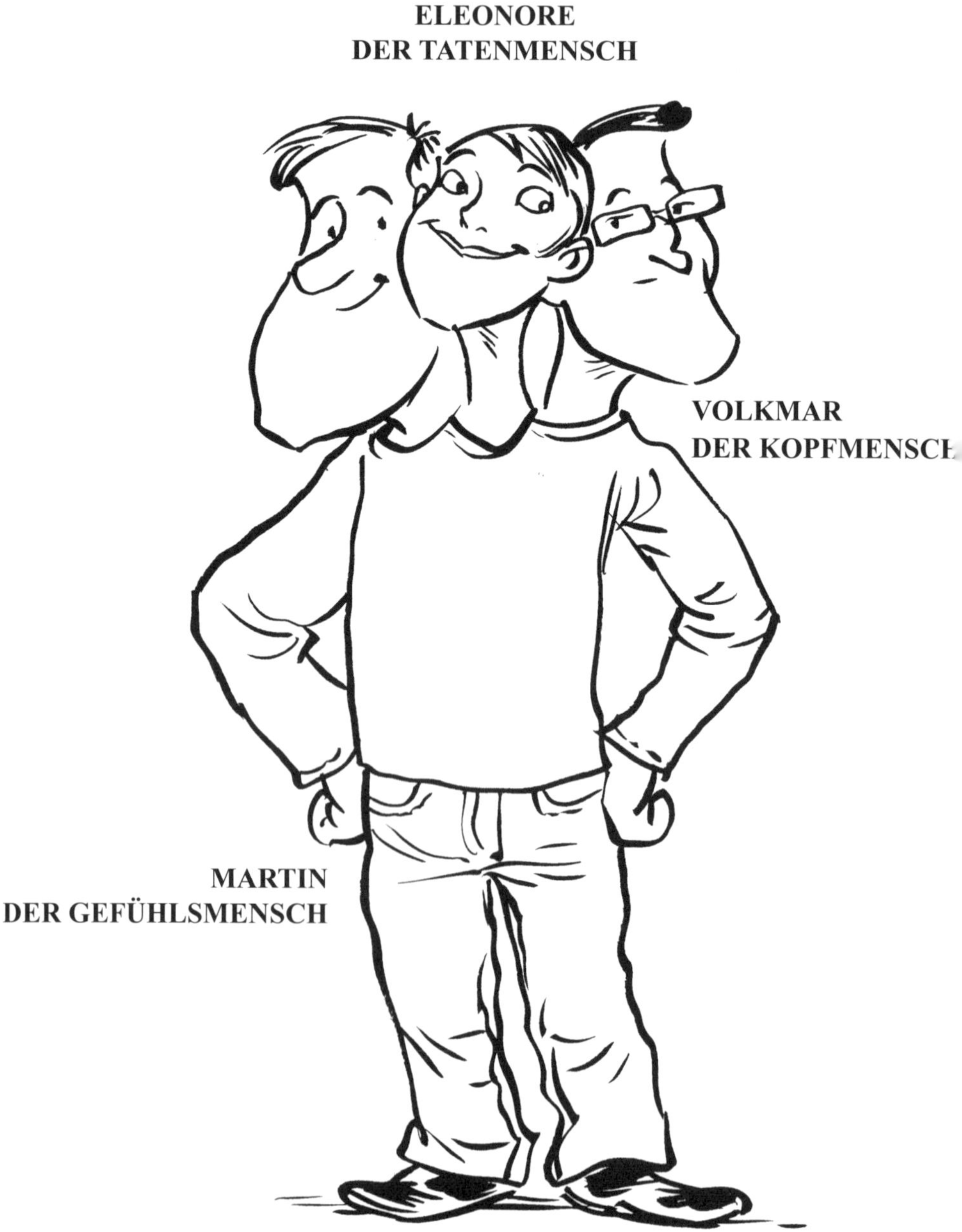
ELEONORE
DER TATENMENSCH
VOLKMAR
DER KOPFMENSC
MARTIN
DER GEFÜHLSMENSCH

Persönliche Erkennungsmerkmale

Zusammenleben

Menschen wie Martin sind Familienmenschen und integrieren sich in Teams.

Menschen wie Eleonore leben zwar in der Gemeinschaft, bleiben aber eher Einzelgänger. Andere Menschen werden nicht als Dialogpartner gesehen, sondern sind Publikum oder werden geführt und gelenkt.

Menschen wie Volkmar fühlen sich in einem, von ihnen selbst bestimmten, kleinen Kreis am wohlsten.

Umgang mit immer wiederkehrenden Vorgängen

Menschen wie Martin mögen es nicht, wenn sie aus ihrer Routine gerissen werden.

Menschen wie Eleonore haben in ihrem täglichen Leben ganz wenige Routinevorgänge. Sie sind stets auf der Suche nach Abwechslung.

Menschen wie Volkmar lieben das Vorhersehbare. Sie werden mit der Situation leichter als Martin fertig, wenn die Routine einmal gestört wird. Allerdings muss man ihnen den Kurswechsel erklären.

Gesellschaftliche Normen

Menschen wie Martin passen sich den gesellschaftlichen Normen an, um nicht aufzufallen.

Menschen wie Eleonore achten nur dann auf gesellschaftliche Normen, wenn sich für sie daraus ein Vorteil ergibt. Ansonsten leben sie nach ihren Vorstellungen, die aber auch Vorteile ergeben.

Menschen wie Volkmar akzeptieren gesellschaftliche Normen, solange sie nachvollziehbar und nützlich sind.

Mit anderen teilen

Menschen wie Martin teilen gerne, wenn sie anderen eine Freude machen können.

Menschen wie Eleonore denken erst einmal an sich und dann an andere. Ist es absehbar, dass sich beim Teilen ein Vorteil für sie ergibt, dann teilen auch sie „mit Freude".

Menschen wie Volkmar teilen, aber erst wird das „Wie, Weshalb, Warum" abgewogen und geklärt.

Sachliches und Persönliches

Menschen wie Martin können das Sachliche nicht vom Persönlichen trennen.

Menschen wie Eleonore unterscheiden zwischen Sachlichem und Persönlichem und reagieren dann entsprechend. Manchmal nehmen sie auch das Persönliche sachlich, um sich nicht wirklich angesprochen zu fühlen. Werden sie auf der persönlichen Ebene getroffen, dann reagieren Menschen wie Eleonore mit Angriff. Bei sachlichen Themen sind sie sehr direkt und wirken auf andere zuweilen verletzend.

Menschen wie Volkmar trennen sehr zwischen Sachlichem und Persönlichem. Sie reagieren auf der persönlichen Ebene eher sachlich.

Kontakte

Menschen wie Martin schließen mit fremden Menschen schnell Kontakt und bezeichnen dies dann als Freundschaft.

Menschen wie Eleonore wägen bei einer Kontaktaufnahme ab, welcher Vorteil sich möglicherweise dabei ergeben könnte. Bei Freundschaften stehen sie und ihre Interessen an erster Stelle, dann die anderen.

Menschen wie Volkmar tun sich schwer, Kontakte zu knüpfen. Sie verhalten sich eher zurückhaltend. Entsteht jedoch eine Freundschaft, dann hält diese sehr lange. Die Volkmars dieser Welt sind für ihre Freunde da.

Umgang mit Gefühlen

Menschen wie Martin sind „nahe am Wasser" gebaut und können ihre Gefühle nicht gut kontrollieren.

Menschen wie Eleonore kontrollieren ihre Gefühle. Tränen der Wut, der Trauer oder Enttäuschung werden hinter verschlossenen Türen gelebt.

Auch Menschen wie Volkmar kontrollieren ihre Gefühle. Tränen fließen nur im von ihnen ausgewählten kleinsten Kreis.

Umgang mit der Realität

Menschen wie Martin sind sehr sozial veranlagt und wollen die Realität manchmal nicht akzeptieren. Sie geben sich gerne Tagträumen hin und malen sich in diesen die Welt und das Leben bunt.

Menschen wie Eleonore sehen sich stets im rechten Licht und leben danach. Das ist ihre Realität, darüber hinaus gibt es keine weitere.

Menschen wie Volkmar stellen sich der Realität.

Der Zeitbezug

Menschen wie Martin leben in der Vergangenheit.

Menschen wie Eleonore im Hier und Jetzt.

Menschen wie Volkmar in der Zukunft.

Traditionen

Menschen wie Martin lieben die Tradition.

Menschen wie Eleonore entfliehen der Tradition.

Menschen wie Volkmar wägen ab, ob die Tradition einen Vorteil bringen könnte.

Einstellung zum Vereinsleben

Menschen wie Martin lieben das Vereinsleben, da man dort mit Gleichgesinnten zusammen ist.

Menschen wie Eleonore engagieren sich nur dann in Vereinen, wenn sie dort eine wichtige Rolle einnehmen.

Menschen wie Volkmar sehen manchmal eine Notwendigkeit im Vereinsleben und entscheiden sich dann dort auch beizutreten.

Äußerliche Erkennungsmerkmale

Die Kleidung

Menschen wie Martin fühlen sich in legerer Kleidung wohl. Material, Farben und Formen sind nicht immer aufeinander abgestimmt. Sie lassen sich beim Kauf durch andere beeinflussen.

Menschen wie Eleonore stellen sich gerne mit ihrer Kleidung dar und erzeugen dadurch ein eigenes Bild von sich. Sie benötigen jedoch die Zustimmung und Anerkennung der anderen, um richtig glücklich und selbstsicher zu sein.

Menschen wie Volkmar sind unscheinbar und fallen, wenn überhaupt, durch ihren altmodischen Kleiderstil auf. Dieser ist eher konservativ, aber sie kleiden sich der Situation angepasst und achten auf gute Qualität.

Arbeitskleidung

Menschen wie Martin mögen Berufskleidung. Die eigene Kleidung wird geschont und man muss sich morgens vor dem Kleiderschrank nicht immer wieder neu entscheiden, was man anziehen will.

Menschen wie Eleonore können sich mit Arbeitskleidung schlecht anfreunden, denn gleiche Kleidung zieht nach sich, dass man die eigenen tollen Stücke nicht zur Schau tragen kann.

Menschen wie Volkmar betrachten einheitliche, vorgeschriebene Arbeitskleidung als sinnvoll. Sie können sich ohne Mühe einer Einheitlichkeit anpassen.

Handtaschen

Menschen wie Martin tragen in ihren „Wundertaschen" all das, was andere Menschen vergessen haben oder benötigen könnten.

Menschen wie Eleonore besitzen gerne große, auffallende Taschen. Das Label der Tasche muss darauf gut zu erkennen sein. Sie haben nur Sachen bei sich, die sie selbst verwenden.

Menschen wie Volkmar haben kleine Taschen. In diesen findet man nur das Nötigste. Das, was man eventuell gebrauchen könnte.

Plastiktüten

Menschen wie Martin wählen irgendeine Plastiktüte. Sie muss nicht schön oder stabil sein. Die Hauptsache ist, dass sie groß genug ist und die Dinge, die mitgenommen werden sollen, hineinpassen.

Menschen wie Eleonore nehmen Plastiktüten mit Label einer bekannten Marke, möglichst mit Kordel und glänzendem Papier. Frei nach dem Motto: Wenn schon kein Designerinhalt, dann wenigstens eine Designertüte, mit der man vorgibt etwas Besseres zu sein.

Menschen wie Volkmar wählen stabile Plastiktüten und achten darauf, dass diese nicht reißen. Für Volkmars ist es wichtig, dass in der Tasche alle Einkäufe und Dinge sicher transportiert werden können.

Geldbörsen

Menschen wie Martin haben pralle Geldbeutel. Die Prallheit resultiert nicht unbedingt aus zu viel Geld, sondern entsteht vor allem durch Belege und verschiedene Zettel.

Menschen wie Eleonore haben meistens eine Designergeldbörse, Männer eine Geldklammer. Der wertvollste Geldschein ist immer zuoberst. Das Kleingeld tragen die Männer lose in der Hosentasche. Die Damen geben das Kleingeld sofort aus, um den Geldbeutel zu schonen.

Menschen wie Volkmar verstauen in ihrem Geldbeutel nur das, was sie benötigen. Der Geldbeutel muss praktisch und beständig sein. Er ist ein jahre- bis jahrzehntelanger Begleiter seines Besitzers.

Kopfbedeckungen/Hüte

Menschen wie Martin benötigen Hüte und Mützen, da diese den Kopf gegen Kälte oder Wärme schützen. Sie stimmen die Kopfbedeckung nicht mit der Kleidung ab.

Menschen wie Eleonore tragen auffallende Hüte, um zu wirken. Selbstverständlich sind sie exakt auf den Rest der Kleidung abgestimmt.

Volkmars tragen Kopfbedeckungen aufgrund des Klimas, des Aussehens (nicht um aufzufallen) und zur Sicherheit beim Sport.

Brillen

Menschen wie Martin tragen Brillenmodelle, die längst aus der Mode gekommen sind. Oftmals stimmt sogar die Sehstärke nicht mehr.

Menschen wie Eleonore besitzen mehrere Brillen und passen die Modelle ihrer Kleidung an. Sie tragen auch dann Brillen, wenn ihre Augen gesund sind, das Modell aber chic ist. In diesem Fall lassen sie Fensterglas verarbeiten.

Menschen wie Volkmar lassen regelmäßig die Augen beim Arzt überprüfen und passen die Gläser der Sehstärke an. Der Stil der Brille ist unauffällig und eher neutral. Die Brille gleicht sich der ganzen Optik und Kleidung an. Volkmars haben immer eine Brille mit alter Sehstärke in Reserve. Man weiß ja nie....

Die Frisur

Menschen wie Martin lieben eine einfache und pflegeleichte Frisur und ändern ungern Schnitt und Farbe.

Menschen wie Eleonore verändern durch ihre Frisur permanent das eigene Aussehen.

Menschen wie Volkmar wählen stets eine korrekte Frisur.

Schuhe

Menschen wie Martin lieben bequeme Schuhe, die sie gerne jeden Tag und zu allen Anlässen tragen.

Menschen wie Eleonore lieben Schuhe, die modisch und passend die Kleidung unterstreichen.

Menschen wie Volkmar achten beim Schuhkauf auf Gesundheit und guten Stand. Die Schuhe müssen bequem sein und zu allem passen.

Der Gang

Menschen wie Martin drücken mit ihrem Gang ihre momentane Gemütslage aus. Oft gehen sie schleppend. Empfehlungen, etwas aufrechter zu gehen, werden überhört.

Menschen wie Eleonore schreiten aufrecht und mit Dynamik.

Menschen wie Volkmar gehen aufrecht, aber eher in kleinen Schritten. Die Arme liegen dabei lose am Körper an. Der Gang wirkt sehr ruhig.

Das Zuhause

Sammelwütige Menschen wie Martin lieben überfüllte Räume. Sie mögen es gemütlich und kuschelig.

Menschen wie Eleonore bevorzugen wenig Möbel. Diese wenigen Stücke sind jedoch ausgefallen und von Designern entworfen.

Menschen wie Volkmar achten beim Kauf von Einrichtungsgegenständen auf Qualität und Neutralität.

Das Auto

Menschen wie Martin kalkulieren bereits beim Autokauf den Platz im Innenraum. Es gibt viele Freunde, Familienmitglieder und Bekannte, die zukünftig mitfahren sollen.

Eleonores denken beim Kauf eines Autos nicht an Verbrauch, Steuern, etwaige Zusatzkosten oder Mitfahrer. Sie denken nur an sich selbst und das eigene Single-Vergnügen. Auch mit Familie verzichten sie nicht auf einen gehobenen Autotyp. Ist das nicht möglich, sprechen sie über das Auto, das sie kaufen werden, wenn der Kinderwagen nicht mehr benötigt wird.

Menschen wie Volkmar informieren sich vor einem Autokauf genau über Preis und Folgekosten. Eigene Wünsche werden nur dann realisiert, wenn sie zum Geldbeutel passen.

Das tägliche Leben

Umgang mit Streit

Menschen wie Martin leiden sehr unter Streitigkeiten. Bei bestehenden Konflikten können sie sich nicht ablenken und andere Dinge tun. Streitigkeiten absorbieren sie komplett.

Menschen wie Eleonore klären Konflikte schnell und auf ihre Art und Weise. Dann wenden sie sich sofort der nächsten Aufgabe zu. Streitigkeiten beeinflussen ihr Leben, Denken und Handeln nicht.

Menschen wie Volkmar können einen bestehenden Streit ausblenden, um sich auf die Arbeit zu konzentrieren.

Niederlagen/Misserfolge

Menschen wie Martin nehmen Niederlagen und Misserfolge persönlich und können nicht damit umgehen.

Menschen wie Eleonore können gut mit Misserfolgen und Niederlagen umgehen, denn in ihren Augen haben sie keine. Wenn etwas schief geht, dann tragen bei ihnen prinzipiell andere die Schuld.

Menschen wie Volkmar schauen sich Niederlagen und Misserfolge genau an und analysieren deren Werdegang, um zukünftig solche Fehler zu vermeiden.

Unglück/Katastrophen

Menschen wie Martin fallen bei Katastrophen und Unglück in ein tiefes seelisches „Loch".

Menschen wie Eleonore zeigen nicht, wenn sie bekümmert sind. Sie wirken immer stark und munter.

Menschen wie Volkmar verstecken ihre Gefühle und ziehen sich bei Kummer zurück.

Schuldgefühle

Bei einem Streit nehmen Menschen wie Martin meistens die Schuld auf sich.

Menschen wie Eleonore suchen die Schuld immer bei den anderen.

Menschen wie Volkmar wägen nach Streitigkeiten in einer langen Schweigephase ab, wer der Schuldige ist.

Bitten/Forderungen/Entschuldigungen

Menschen wie Martin fällt es sehr leicht, ihre Bitte vorzutragen. Wenn sie in die Situation kommen, etwas von jemandem verlangen oder fordern zu müssen, dann ist ihnen das unangenehm. Entschuldigungen fallen ihnen hingegen leicht.

Menschen wie Eleonore fällt es schwer, eine Bitte auszusprechen, deswegen wandeln sie lieber gleich Bitten in Forderungen um. Sie entschuldigen sich auf ihre sehr eigene Weise. Ihre Entschuldigungen kommen aber nicht immer an.

Menschen wie Volkmar überlegen lange, ob sie jemanden um etwas bitten können. Forderungen stellen sie nur, wenn diese auch begründet werden können. Da sie einen ausgeprägten Gerechtigkeitssinn haben, fallen ihnen Entschuldigungen leicht.

Lügen

Menschen wie Martin setzen die Lüge zum Schutz für sich und andere ein. Sie möchten niemanden verletzen. Man sieht ihnen sofort an, wenn sie lügen.

Menschen wie Eleonore setzen Lügen bewusst ein, um Ziele schneller zu erreichen. Oftmals ist ihnen selbst nicht klar, dass sie lügen. Diese Menschen leben häufig in einer Scheinwelt und glauben selbst, was sie erzählen, egal was es ist.

Menschen wie Volkmar lügen ganz selten. Sie sind der Meinung, dass Lügen sich nicht auszahlen und außerdem kurze Beine haben.

Urlaub

Menschen wie Martin sehen nicht die Notwendigkeit, weite Reisen zu machen. Sie lieben es, zu Hause zu bleiben, um nicht aus der gewohnten Umgebung gerissen zu werden.

Menschen wie Eleonore buchen gerne einen Luxusurlaub und gehen pro Jahr mehrmals auf Reisen. Diese Urlaube werden zuweilen so spontan gebucht, dass sie in regelrechte Hektik ausarten.

Menschen wie Volkmar planen ihren Urlaub von Anfang bis zum Ende durch. Nichts wird dem Zufall überlassen.

Ziele

Menschen wie Martin setzen sich undeutliche Ziele, die sie selten engagiert verfolgen. Sie rechnen permanent mit bösen Überraschungen, welche die Zielplanung erschweren.

Menschen wie Eleonore setzen sich stets Ziele, die nicht unbedingt für sie erreichbar sind. Statt sich darüber aufzuregen, wählen sie lieber neue Ziele und vergessen die alten.

Das Leben von Menschen wie Volkmar ist voller Ziele. Diese werden abgearbeitet und nichts und niemand bringt die Volkmars davon ab.

Abreagieren

Menschen wie Martin lassen ihre Launen niemals an anderen aus. Sie bedauern Konflikte und Probleme im ersten Schritt, im zweiten sich.

Menschen wie Eleonore reagieren sich gerne an anderen Menschen ab.

Menschen wie Volkmar analysieren die Situation, ziehen daraus die Schlüsse und handeln dann.

Begeistern und mitreißen

Menschen wie Martin können ihresgleichen mitreißen. Andere Charaktere dagegen sind durch ihre ausführlichen Reden eher gelangweilt, denn Martins kommen einfach nicht auf den Punkt.

Menschen wie Eleonore können andere durch ihre Rhetorik begeistern und mitreißen. Vorausgesetzt, sie sind von einer Sache selbst überzeugt.

Menschen wie Volkmar machen es Zuhörern schwer, sich mitreißen und begeistern zu lassen. Dafür sind ihre Vorträge zu genau und viel zu sachlich.

Gesprächsführung

Menschen wie Martin lieben Gespräche. Sie lassen andere zu Wort kommen, hören aber nicht wirklich zu. Sie bereiten sich auf Themen nicht vor, deswegen wirken sie bei Gesprächen konfus. Sie verzetteln sich und kommen nicht auf den Punkt.

Menschen wie Eleonore lieben Monologe. Sie stellen sich gerne selbst gut und ausführlich dar. Damit dies gelingt, übernehmen sie regelmäßig die Gesprächsführung. Die Sätze sind kurz und prägnant. Eleonores bestimmen, wann ein Gespräch zu Ende ist.

Menschen wie Volkmar sehen im Dialog ein absolutes Muss der Kommunikation. Sie bereiten ihre Gespräche sorgfältig vor, um den roten Faden nie zu verlieren. Für Volkmars sind Belege und Beweise wichtig. Diese erwarten sie auch von ihren Gesprächspartnern.

Umgang mit Fragen

Menschen wie Martin fragen anderen Menschen „Löcher in den Bauch".

Menschen wie Eleonore zeigen anderen Menschen nicht gerne, dass sie etwas nicht wissen und stellen deshalb selten Fragen. Sie stellen lieber Behauptungen in den Raum, damit die anderen Lösungen finden und dadurch eigene Fragen überflüssig werden.

Menschen wie Volkmar stellen nur dann Fragen, wenn sie alleine nicht weiter kommen, denn sie versuchen immer, selbst Lösungen zu finden.

Umgang mit Kreditkarten

Menschen wie Martin mögen keine Kreditkarten. Sie haben Angst, sie zu verlieren und fürchten den Schaden.

Menschen wie Eleonore „sammeln" Kreditkarten wie Souvenirs. Die Kreditlinie wird fast immer ausgenutzt. Sie sind Spontankäufer. Wenn Eleonores etwas gefällt, dann müssen sie es haben. Egal, ob sie es brauchen oder nicht. Manche Einkäufe bleiben so wochenlang in den Einkaufstüten liegen. Oftmals können sich Eleonores dann gar nicht mehr an den Kauf erinnern.

Menschen wie Volkmar sehen in Kreditkarten etwas Sinnvolles, da man Dank ihrer nicht so viel Bargeld bei sich tragen muss. Kreditkarten werden nur bei besonderem Bedarf genutzt.

Unterordnen

Menschen wie Martin können sich sehr gut unterordnen. Sie denken in Hierarchien und verlangen stark nach Führung.

Menschen wie Eleonore können sich nicht unterordnen. Nur sie selbst sind sich gegenüber weisungsbefugt. Sollte sich jedoch durch eine Anordnung ein Vorteil ergeben, dann planen sie Unterordnung strategisch ein.

Menschen wie Volkmar ordnen sich unter, wenn es die Situation verlangt.

Wirkung der Persönlichkeit

Menschen wie Martin wirken gemütlich, gesellig und offen.

Menschen wie Eleonore wirken lebhaft, impulsiv und stets motiviert.

Menschen wie Volkmar wirken zurückhaltend, kühl und nüchtern.

Umgang mit Sport

Menschen wie Martin mögen Sport in der Gruppe, um unterhalten zu werden und um in Gemeinschaft zu sein.

Menschen wie Eleonore treiben Sport, um sich auszupowern, abzureagieren und um anderen zu zeigen, wie gut sie sind.

Menschen wie Volkmar treiben möglichst regelmäßig Sport. Bei ihnen steht der gesundheitliche Aspekt im Vordergrund.

Umgang mit Lob

Menschen wie Martin freuen sich sehr über Lob. Wenn sie vor Publikum gelobt werden, reagieren Menschen wie Martin verlegen. Oftmals geben sie das Lob an andere weiter, um nicht so exponiert dazustehen und gerecht zu wirken.

Menschen wie Eleonore lieben es, gelobt zu werden. Applaus ist „des Machers Lohn". Bei Eleonore passt dieses Zitat genau.

Menschen wie Volkmar können keine Freude zeigen, wenn sie vor anderen Menschen gelobt werden. Sie lieben das Lob im Vier-Augen-Gespräch.

Körperkontakt

Menschen wie Martin lieben Körperkontakt. Sie können andere Menschen umarmen, auch wenn sie diese noch gar nicht wirklich kennen. Bei einer Begrüßung reichen sie nicht nur die Hand, sondern nehmen die Hand des anderen in beide Hände oder sie legen ihre freie Hand auf den Arm des Gegenübers. Körperkontakt ist so wichtig, dass sie den Abstand zu anderen komplett vergessen und anderen Menschen regelrecht „auf die Pelle rücken".

Menschen wie Eleonore erwarten von anderen Menschen Körperabstand, mindestens eine untere Armlänge. Sie demonstrieren bereits bei der Begrüßung, wer das Gespräch dominiert, indem sie die Hand des Gegenübers fest packen, nach unten führen oder nach unten drehen.

Menschen wie Volkmar mögen keinen zu engen Körperkontakt. Sie erwarten von dem anderen, dass er oder sie den Sicherheitsabstand einhält. Das ist bei Menschen wie Volkmar die untere Armlänge bis zum ausgestreckten Arm. Bei der Begrüßung empfinden sie es auch als angenehm, statt per Handschlag nur mit einem Kopfnicken und Worten zu grüßen.

Umgang mit Terminen

Menschen wie Martin vergessen zuweilen Verabredungen und Termine. Sie gehen dann aber nicht mehr von sich aus auf den anderen zu. Ist der Kontakt nicht mehr länger zu vermeiden, dann entschuldigen sie sich tausend Mal und sind furchtbar verlegen.

Menschen wie Eleonore nehmen es nicht so genau mit den Terminen. Wenn ihnen zu einem vereinbarten Termin ein neuer interessanterer angeboten wird, dann nehmen sie diesen wahr. In den seltensten Fällen wird der erstvereinbarte abgesagt.

Wenn Menschen wie Volkmar eine Verabredung nicht einhalten können, dann sagen sie früh genug ab, damit der andere neu disponieren kann.

Umgang mit Freundschaften

Menschen wie Martin schließen schnell Freundschaften. Sie suchen dann den ständigen Kontakt. Bleiben regelmäßige Telefonate oder Besuche von Freunden aus, reagieren Menschen wie Martin verunsichert und fragen sich, ob sie etwas falsch gemacht haben oder ob etwas passiert ist.

Für Menschen wie Eleonore sind Freundschaften nicht so wichtig. Wenn sie einen anderen Menschen brauchen, dann kann sich eine kurzfristige intensive Freundschaft ergeben, die sofort wieder verflacht, wenn diese Menschen ihre Aufgabe erfüllt haben.

Menschen wie Volkmar schließen nur sehr langsam Freundschaft. Wenn, dann ist es aber eine treue Verbindung. Feste Zeitabstände, in denen man sich sieht oder hört, sind für sie nicht wichtig, aber es muss Sicherheit bestehen, dass man sich auf den anderen verlassen kann.

Nachtragend

Menschen wie Martin verzeihen schnell, finden es aber angebracht, den anderen immer wieder daran zu erinnern, dass sie verziehen haben. Damit sind sie nachtragend in einem ganz speziellen Sinn.

Menschen wie Eleonore klären Meinungsverschiedenheiten, indem sie deutliche Grenzen ziehen. Danach ist die Welt für sie wieder in Ordnung. Im Moment des Streits sind sie sehr direkt, danach wieder völlig freundlich und kollegial – so sie sich im Konflikt behaupten konnten.

Menschen wie Volkmar sind sehr nachtragend. Sie sammeln Konfliktpunkte, ohne etwas zu sagen. Eines Tages läuft das emotionale Fass dann über und alles bricht aus ihnen heraus. Auch nach einer Versöhnung werden bestimmte Punkte immer wieder thematisiert.

Hilfestellung zum Handeln

Zusammenleben

Menschen wie Martin sind Familienmenschen und integrieren sich in Teams.

Ihre Familienmitglieder sind ihnen sehr wichtig, deshalb werden diese von den Martins geschützt. Menschen wie Martin denken im „Rudel". Belächeln Sie nie, dass Menschen wie Martin stets ihren Partner oder ihre Familie fragen, wenn Entscheidungen - auch kleine - zu fällen sind. Vermeiden Sie Verwunderung, wenn Menschen wie Martin dazu neigen, alles in Teams und Gruppen erleben zu wollen.

Menschen wie Eleonore leben in der Gemeinschaft oftmals allein.

Verlangen Sie nicht von Menschen wie Eleonore, sich in Gruppen einzuordnen. Sollte das nicht zu umgehen sein, kalkulieren Sie ein, dass die Eleonores in Gruppen die Führung übernehmen.

Menschen wie Volkmar fühlen sich in einem von ihnen bestimmten kleinen Kreis am wohlsten.

Drängen Sie Menschen nicht, die Volkmar ähnlich sind, sich sofort in Gruppen wohlzufühlen. Volkmars entscheiden von sich aus, wann dieser Zeitpunkt gekommen ist und sind dann gerne Teil dieser Gruppe.

Umgang mit immer wiederkehrenden Vorgängen

Menschen wie Martin werden nicht so gerne aus ihrer Routine gerissen.

Belächeln Sie Menschen wie Martin nicht, wenn sie um ihre geliebte Routine kämpfen oder darüber reden. Routine ist für diese Menschen lebensnotwendig.

Menschen wie Eleonore haben in ihrem täglichen Leben nur wenige Routinevorgänge. Sie sind stets auf der Suche nach Abwechslung.

Zwängen Sie einen Menschen wie Eleonore nicht in die Routine. Diese Menschen beugen sich zwar dem Druck, arbeiten dann aber auf Sparflamme. Gleichzeitig wenden sie sich bereits neuen Aufgaben zu.

Menschen wie Volkmar lieben das Vorhersehbare.

Für das Vorhersehbare benötigen Menschen wie Volkmar wiederkehrende Vorgänge. Deshalb verlangen Sie lieber keine Spontaneität von ihnen. Volkmars benötigen Planung, um ruhig und in geordneten Verhältnissen arbeiten und leben zu können.

Umgang mit Gefühlen

Menschen wie Martin haben „nahe am Wasser“ gebaut.

Menschen wie Martin weinen keine Krokodilstränen, sondern ihre Gefühle sind echt. Worte wie: „Jetzt hör mal auf zu weinen” kommen nicht an. Diese Menschen können nicht einfach aufhören. Sie können aber über die Tränen dieser Menschen hinwegsehen. Denn nach dem Weinen kommt oft gleich wieder ein Lachen.

Menschen wie Eleonore kontrollieren stark ihre Gefühle und somit auch die Tränen. Tränen der Wut, der Enttäuschung lassen sie nur hinter verschlossenen Türen freien Lauf.

Sollten Sie jedoch erleben, wenn mal Tränen in der Öffentlichkeit fließen, beachten Sie diese bestmöglichst nicht, denn den Eleonore-Menschen ist es unangenehm und die Stimmung könnte aus Scham leicht umschlagen und aggressiv werden.

Menschen wie Volkmar kontrollieren ihre Gefühle. Tränen fließen nur im von ihnen ausgewählten kleinsten Kreis.

Sollten Sie nicht zu diesem kleinen Kreis gehören, so nehmen Sie sich Zeit, wenn Sie dabei sind, wenn Tränen fließen. Denn diese Menschen bitten in diesem Augenblick um Hilfe.

Gesellschaftliche Normen

Menschen wie Martin passen sich den gesellschaftlichen Normen an, um nicht aufzufallen.

Für Menschen wie Martin ist es sehr unangenehm positiv oder negativ aufzufallen. Sie hinterfragen deswegen permanent, was andere Menschen von ihnen denken. Wenn Sie Menschen wie Martin für etwas begeistern wollen, dann klären Sie vorerst alle möglichen Bedenken.

Menschen wie Eleonore achten nur dann auf gesellschaftliche Normen, wenn es für sie von Vorteil ist.

Egal welcher Typ Sie sind, Eleonore gibt die Spielregeln vor. Ohne Wenn und Aber. Sie müssen mitspielen oder können gehen. Eleonore lässt sich auf keine Diskussionen ein und Anregungen sind ihr egal.

Menschen wie Volkmar akzeptieren gesellschaftliche Normen, solange sie nachvollziehbar und nützlich sind.

Versuchen Sie nicht, Menschen wie Volkmar in gesellschaftliche Normen zu zwängen. Sie werden für sich abwägen und entsprechend leben.

Der Zeitbezug

Menschen wie Martin leben mit ihren Gedanken in der Vergangenheit.

Zwingen Sie diese Menschen nicht, im Hier und Jetzt zu leben. Sie bekommen Angst und werden unfähig zu handeln. Sie müssen das Hier und Jetzt mit damals vergleichen. Seien Sie diplomatisch und akzeptieren Sie, dass es eine Vergangenheit gibt.

Menschen wie Eleonore leben im Hier und Jetzt.

Versuchen Sie nicht, die Vergangenheit oder die Zukunft als maßgebende Zeit anzugeben. Sie werden nur Antworten oder Ähnliches hören wie: „Was war, ist vorbei, was sein wird, kann ich nicht beeinflussen."

Menschen wie Volkmar leben in der Zukunft. Sie denken immer voraus.

Erwarten Sie von solchen Menschen keine raschen Entscheidungen. Sie müssen alles erst durchdenken, bevor sie handeln.

Traditionen

Menschen wie Martin lieben die Tradition.

Verlachen Sie diese Personen nicht, wenn sie ihren Traditionen anhängen. Unterstützen Sie ihre Handlungen und Sie werden viel Dankbarkeit erleben.

Menschen wie Eleonore entfliehen der Tradition.

Zwingen Sie solchen Menschen kein Traditionsdenken auf. Sie werden nur Verspottung erleben. Menschen wie Eleonore werden nur aus eigenem Antrieb heraus an Traditionen teilnehmen.

Menschen wie Volkmar wägen ab, ob die Tradition von Vorteil ist.

Versuchen Sie nicht, Menschen wie Volkmar irgendwelche Traditionen aufzuerlegen. Sie werden für sich abwägen, ob sie angebracht sind oder nicht und dementsprechend handeln.

Die Kleidung

Menschen wie Martin fühlen sich in weiter Kleidung wohl. Material, Farben und Formen sind nicht immer abgestimmt. Sie lassen sich durch andere bei der Auswahl beeinflussen.

Lachen Sie solche Menschen nicht aus, wenn sie kunterbunt gekleidet sind oder nicht Ihren Vorstellungen entsprechen. Sie werden sich sonst unwohl fühlen und Kummer ist dann vorprogrammiert. Durch sanfte Hinweise an einem anderen Tag können Sie auf die Missstände anspielen und Vorschläge machen. Diese sollten aber zu der Person auch gut passen, damit sie angenommen werden können.

Menschen wie Eleonore stellen sich gerne durch ihre Kleidung dar und haben ihre eigenen Vorstellungen ihres Aussehens. Sie benötigen jedoch die Zustimmung und Anerkennung der anderen, um richtig glücklich und selbstsicher zu sein.

Geben Sie diesen Menschen die Anerkennung, die sie brauchen. Jeglicher abschätzende Blick und jegliches Getuschel hinter vorgehaltener Hand provoziert Menschen wie Eleonore. In solchen Fällen können sie anzüglich und beleidigend werden.

Menschen wie Volkmar werden maximal durch ihre aus der Mode gekommenen Kleidungsstücke auffallen. Sie kleiden sich eher konservativ, der Situation angepasst und mit Kleidungsstücken von guter Qualität.

Versuchen Sie nicht, diesen Menschen andere Kleidungsstücke zu empfehlen. In den meisten Fällen funktioniert das nicht. Akzeptieren Sie ihren besonderen Stil.

Niederlagen - Misserfolge

Menschen wie Martin nehmen Niederlagen und Misserfolge persönlich und können nicht damit umgehen.

Helfen Sie diesen Menschen, ihre Gedanken von der persönlichen Schiene herunter auf eine sachliche Ebene zu bekommen, sonst leiden sie sehr lange unter den Misserfolgen und Niederlagen.

Menschen wie Eleonore können gut mit Misserfolgen und Niederlagen umgehen, denn in ihren Augen haben sie keine. Wenn etwas schief geht, dann sind bei Menschen wie Eleonore immer die anderen Schuld.

Ersparen Sie sich die Mühe, Menschen wie Eleonore zu erklären, dass sie die Schuld tragen. Widmen Sie sich besser gemeinsam der Schadensbegrenzung.

Menschen wie Volkmar schauen sich Niederlagen und Misserfolge sehr genau an und analysieren, wie und warum es dazu gekommen ist, um daraus zu lernen.

Aus Misserfolgen und Niederlagen kann man gestärkt hervorgehen. Deshalb rate ich Ihnen, die Art des Umgangs dieser Menschen mit Krisen zu erkunden und gemeinsam mit ihnen davon zu lernen.

Unglück - Katastrophen

Menschen wie Martin fallen bei Katastrophen und Unglück in ein „seelisches Tief.“

Wenn sich diese Menschen in einem solchen „seelischen Tief” befinden, nehmen Sie sie an die Hand und reden Sie mit ihnen darüber. Sinnvoll ist es, vor dem Gespräch festzulegen, dass Sie sich gegenseitig zuhören und auch ihren Worten glauben und anschließend ggf. danach handeln. Sonst endet jedes Gespräch in - ja, aber ....-

Menschen wie Eleonore zeigen nicht, wenn sie Kummer haben. Sie zeigen lieber, wie stark sie sind.

Nur über die Art der Bewunderung kann man die Menschen dazu bringen, dass sie die Realität annehmen und erspüren.

Menschen wie Volkmar zeigen nicht ihre Gefühle und ziehen sich zurück.

Lassen Sie diesen Menschen ihren Rückzugsbereich. Haben Sie aus der Ferne ein Auge auf sie, damit Sie eingreifen können, wenn es brenzlig wird.

Umgang mit Kummer

Menschen wie Martin erzählen jedem, der es hören will oder nicht, dass sie Kummer haben. Gerne hören sie sich auch Lösungsvorschläge an, aber nehmen diese nicht an. Sie suhlen sich lieber in ihrem Elend.

Sie müssen sich diese Geschichten nicht anhören! Wenn Sie helfen wollen, dann schlagen Sie zu Beginn eines Gesprächs Richtlinien vor, nach denen man handeln könnte. Sonst verstreicht die Zeit ohne Ergebnis, weil Menschen wie Martin eigentlich nur in ihrem Elend bedauert werden wollen.

Menschen wie Eleonore erzählen möglichst niemanden von ihrem Kummer. Sie haben Angst, damit Schwäche zu zeigen. Sie reagieren sich durch Aktivitäten ab und können anderen gegenüber sehr verletzend sein, wenn sie Kummer haben.

Solche Menschen sollten sich zwar nicht alles erlauben. Aber in diesem Fall ist es sinnvoll nicht zu reagieren, wenn Menschen wie Eleonore aus Kummer heraus verletzend werden.

Menschen wie Volkmar möchten andere nicht mit ihrem Kummer belästigen. Deshalb versuchen sie auch, ihre Probleme selbst zu lösen.

Man braucht viel Fingerspitzengefühl, um Menschen wie Volkmar zu öffnen, damit sie über Sorgen, die sie plagen, mit anderen sprechen.

Urlaub

Menschen wie Martin müssen nicht unbedingt weite Reisen machen. Sie lieben es, zu Hause zu bleiben, um nicht aus der gewohnten Umgebung gerissen zu werden.

Sollten Sie mit einem Menschen wie Martin verheiratet sein, dann gehen Sie einen Kompromiss ein, wenn Sie das Verlangen nach weiten Reisen haben. Ihr Partner hat nicht unbedingt viel Freude im Urlaub, wenn er weit von zu Hause weg und die Umgebung ihm unbekannt ist.

Menschen wie Eleonore buchen gerne einen Luxusurlaub und fahren öfter als einmal im Jahr in Urlaub. Diese Reisen können sehr spontan gebucht werden und dann in der Vorbereitung in fürchterliche Hektik ausarten.

Wenn Sie einen Partner wie Eleonore haben, dann seien Sie so flexibel in Ihrer Freizeitgestaltung, wie es Ihre Arbeit erlaubt, um mit ihr mithalten zu können, sonst unternimmt sie ihre Reisen auch alleine.

Menschen wie Volkmar planen ihren Urlaub von Anfang bis Ende. Sie überlassen nichts dem Zufall.

Diese Urlaube werden nicht mit Überraschungen gespickt sein. Wenn Sie also mehr Aufregung und Unvorgesehenes erleben wollen, dann müssen Sie getrennt in Urlaub fahren, sonst langweilen Sie sich vielleicht.

Umgang mit Lob

Menschen wie Martin freuen sich sehr über Lob. Wenn dieses vor anderen ausgesprochen wird, werden sie verlegen und schämen sich ein wenig. Oftmals beziehen sie dann auch andere mit ein, denen das Lob angeblich auch zusteht (Verlegenheitsreaktion).

Beziehen Sie dann die anderen auch noch mit ins Lob ein. Dann fühlen sich Menschen wie Martin gut, weil sie anderen etwas Gutes getan haben.

Menschen wie Eleonore lieben es, gelobt zu werden. Applaus ist „des Machers Lohn". Das trifft bei Menschen wie Eleonore in seiner ganzen Bedeutung zu.

Achten Sie darauf, dass Sie nicht noch andere in das Lob mit einbeziehen. Das können Menschen wie Eleonore nicht vertragen. Lassen Sie diese Menschen wirken und reden.

Menschen wie Volkmar können keine Freude zeigen, wenn sie gelobt werden. Sie lieben das Lob im Vier-Augen-Gespräch.

Achten Sie beim Loben darauf, dass Sie Menschen wie Volkmar nicht in Verlegenheit bringen. Diese Menschen brauchen kein großes Aufsehen, um ein Lob entgegen nehmen zu können.

Umgang mit Sport

Menschen wie Martin treiben Sport, um mit anderen zusammen sein zu können.

Sie lieben Mannschaftssportarten und Sport, bei dem man sich nicht so auspowert.

Menschen wie Eleonore treiben Sport, um sich auszupowern, abzureagieren und um anderen zu zeigen, wie gut sie sind.

Versuchen Sie, Menschen wie Eleonore nicht beizubringen, dass es eventuell schädlich ist, wie sie den Sport betreiben. Bewundern Sie eher die Leistungen und bringen Sie sie auf andere Gedanken, so dass vielleicht eine andere Sportart interessant wird, die nicht gesundheitsschädlich ist.

Menschen wie Volkmar treiben möglichst regelmäßig Sport. Bei ihnen steht der gesundheitliche Aspekt im Vordergrund.

Treiben Sie Menschen wie Volkmar nicht zu Höchstleistungen an. Hinterfragen Sie, was der Sport Ihnen gebracht hat und Sie haben ein Gesprächsthema, das vielleicht auch Ihnen weiterhilft. Es heißt zwar: Sport ist Mord, aber richtig ausgeübt ist er für die Gesundheit gut.

Körperkontakt mit Martin

Menschen wie Martin lieben Körperkontakt. Sie können den anderen um den Hals fallen, auch wenn noch gar keine große Vertrautheit da ist. Bei der Begrüßung reichen sie nicht nur die Hand, sondern greifen mit der anderen entweder die entgegen gestreckte Hand, so dass die Hand des anderen „eingepackt" wird, oder sie legen ihre zweite Hand an den Arm des Gegenübers. Wichtig ist, dass man sich berührt. Sie kennen auch keinen Sicherheitsabstand (Intimbereich), sondern stehen dicht vor dem anderen, sodass die Körper sich manchmal berühren.

Achten Sie darauf, dass Sie Ihren Oberkörper bei solchen Begrüßungen nicht nach hinten biegen, oder gar einen Schritt zurückgehen. Ihr Gegenüber spürt das sofort und wird dadurch verunsichert. Ein Gespräch kommt dann meistens zögerlich oder nur mit großen Vorbehalten in Gang.

Körperkontakt mit Eleonore

Menschen wie Eleonore erwarten von ihrem Gegenüber, dass er ihnen nicht zu dicht auf „die Pelle" rückt und einen Sicherheitsabstand einhält. Verlangt wird zumindest die untere Armlänge. Menschen wie Eleonore demonstrieren bei der Begrüßung schon, wer das Sagen hat, indem sie die Hand des Gegenübers fester packen und nach unten führen oder nach unten drehen.

Reagieren Sie gelassen, wenn Ihr Gegenüber sich so verhält wie Eleonore. Drücken Sie nicht auch zu. Halten Sie nicht gegen den Druck nach unten. Lassen Sie mit sich geschehen, was Ihr Gegenüber gerade demonstrieren will. Sie sind der Klügere. Sie wissen, was er nonverbal ausdrücken will. Am Ende des Gesprächs wird sich zeigen, wer das Gespräch sicher und mit welchem Ergebnis geführt hat.

Körperkontakt mit Volkmar

Menschen wie Volkmar mögen keinen zu engen Körperkontakt. Sie erwarten von dem anderen, dass sie den Sicherheitsabstand einhalten. Das ist bei Menschen wie Volkmar die untere Armlänge bis hin zum ausgestreckten Arm. Sie mögen es auch, wenn man bei der Begrüßung nicht die Hand gibt, sondern nur mit dem Kopf nickt und dies mit Worten begleitet.

Wenn Sie an einigen Äußerlichkeiten erkennen können, dass Sie einen Menschen wie Volkmar begrüßen müssen, dann warten Sie den Bruchteil einer Sekunde ab und lassen Ihr Gegenüber die Begrüßungsart bestimmen.

Warum mochten mich nicht alle Kinder von der Straße?

Wenn ich auf der Straße gespielt habe, dann hat sich bei mir „Eleonore" sehr bemerkbar gemacht. Ich habe oftmals bestimmt, was gespielt wurde und wer mit wem zusammen sein durfte. Jungs mochten mich immer mehr, weil ich eher wie ein Junge gehandelt habe.

Warum hat mein Grundschullehrer mich immer von den Mädchen „herausgezogen" um den neuen Stock auszuprobieren.

Weil ich ihm durch mein burschikoses Auftreten (Eleonore) gezeigt habe, dass es mir nichts ausmacht, den Stock zu spüren. Dabei hat es mich seelisch aufgewühlt, wenn ich geschlagen wurde. Es war sehr erniedrigend.

Warum ging die Ehe meiner Eltern in die Brüche, obwohl sie sich doch einmal geliebt hatten?

Sie waren zu unterschiedlich von ihrer Veranlagung. Mein Vater ein Martin- und Volkmar-Typ. Meine Mutter wurde stark von Eleonore und Martin geprägt. Das konnte mit den Jahren nicht gut gehen. Meinem Vater war es wichtig, anderen zu helfen, ohne aufzufallen, meine Mutter wollte zwar auch helfen, aber auch damit auffallen.

Warum finden viele, dass ich das Leben zu einfach sehe und zu viel lache?

Weil ich stark von Eleonore geprägt und der Meinung bin, dass ich nicht jedem meinen Gemütszustand offen legen muss. Also „spiele" ich manchmal die Lustige, obwohl mir zum Heulen zumute ist.

Weshalb habe ich schon immer das Verlangen gehabt, alles, was gerade Bestand hat, zu verändern?

Eigenschaften von Eleonore sind, dass sie die Veränderungen liebt. Sie lebt im Hier und Jetzt und das hat nichts mit Bestand zu tun, sondern mit Veränderungen, Weiterkommen, nicht am Alten festhalten, sondern anders zu sein.

Wieso gehe ich oft unkonventionelle Wege?

Das, was alle machen, ist für mich nicht interessant. Ich möchte anders handeln und sein. Da nimmt Eleonore ganz Besitz von mir.

Weshalb habe ich bereits in der Mädchenschule die Lehrer samstags geärgert, indem ich mich von meinem Freund habe abholen lassen, obwohl ich wusste, dass es montags Stress geben würde?

Mit Verboten kann eine „Eleonore" überhaupt nicht umgehen. Da muss sie sich durchsetzen und zeigen, wer der Bessere ist, den längeren Atem hat oder dass Verbote für sie nicht gelten. Und somit musste ich so handeln. Ich sah keinen Sinn in dem Verbot und wollte es auch nicht beachten. Diese Eigenschaft hat mir sehr viel Ärger eingebracht.

Wieso fahre ich immer ein großes Auto?

Eleonore liebt es über Äußerlichkeiten zu wirken. Deshalb muss sie ein großes Auto fahren.

Weshalb bin ich im Leben schon 14-mal umgezogen?

Menschen, die geprägt sind wie Eleonore, haben ein großes Bedürfnis nach Veränderung. Es muss immer wieder etwas Neues geschehen. Am Alten festhalten ist für sie nicht interessant. Sie haben auch keine festen Wurzeln. Und so geht es mir auch. Ob ich in Duisburg, in Heilbronn, in Garmisch Partenkirchen, Spanien oder Erlenbach lebe, ist mir egal. Wenn ich meine Kinder und meinen Partner (Martins Gefühle) bei mir habe, dann ist es mir gleichgültig, wo ich lebe.

Wieso sind mir Freundschaften auf der weiten Welt wichtiger als in unmittelbarer Nähe?

Das regelmäßige Treffen und das ständige Rücksichtnehmen auf den anderen ist bei weiten Entfernungen nicht notwendig und nicht möglich. Und das ist die Art von Freundschaften, die Eleonore mag. (Danke, Petra, für Dein Verständnis).

Wieso kann ich jetzt über ein und dieselbe Sache so denken und gleich anders?

Ich lebe im Hier und Jetzt. Und was ich vorhin gesagt habe, gehört in die Vergangenheit. Deshalb ist es mir möglich, meine Meinung schnell zu ändern, weil ich sie immer in der neuen Situation empfinde und sehe. (Eleonore)

Wieso möchte ich Freundschaften schließen, lehne sie jedoch ab?

Hier verhält es sich so ähnlich wie bei den alten Bekannten aus der Kinderzeit. Es ist schön zu wissen, dass man „gefragt" ist, man sich mag (Martin), aber jede Verpflichtung schränkt ein, und das mag Eleonore nicht.

Weshalb haben meine Kollegen damals bei der Versicherungsgesellschaft schneller einen Abschluss bekommen als ich?

Ich habe stets aus der Sicht von Martin überlegt und gehandelt. „Braucht man die Versicherung überhaupt? Haben die Kunden so viel Geld, dass sie sich die leisten können? Usw." Also, Martins Denken und Handeln standen mir mächtig im Weg um Abschlüsse zu schreiben.

Warum habe ich mir immer wieder Männer ausgesucht, die sich ähnlich waren?

Da hat sich „Volkmar" sehr bei mir gemeldet. Ich brauchte immer die Sicherheit im Leben, die ich mir selbst mit meinen Gedanken, Gefühlen und Handlungen nicht geben konnte.

Wieso schaue ich heute noch auf allen erreichbaren Internet-Plattformen nach, ob ich alte Bekannte aus der Kinderzeit finde?

Martin liebt es, viele Bekannte zu haben und in Erinnerungen zu schwelgen. Das steckt auch in mir. Für mich ist es aber nur schön zu wissen, dass es die anderen noch gibt. Den Kontakt müssen die anderen aufrechterhalten. Da schaltet sich das Denken von Eleonore wieder ein.

Weshalb wollte ich Kinder, obwohl ich immer wusste, dass sie mich in meinem Leben einschränken werden?

Die Veranlagung von Martin ist bei mir auch stark ausgeprägt. Das ist der Grund, warum ich Kinder haben wollte. Dieser Wunsch war stärker ausgeprägt als der Wunsch, Geschäftsfrau zu werden. Außerdem war ich der Meinung, dass ich Familie und persönliche Weiterentwicklung im Beruf leicht unter einen Hut bekommen kann. (Eleonores Gedanken) Ich habe es geschafft. Es war nur nicht immer leicht. (Danke Lothar, Ricarda und Pascal)

Vita Doris Stempfle

Doris Stempfle ist Betriebswirtin VWA und seit 1992 als Trainerin tätig. Seitdem hat sie sich als Unternehmens-Coach und Expertin für kreative Problemlösungen in Führung und Verkauf einen Namen gemacht.

Sie ist Mitglied im Q-Pool 100, der offiziellen Qualitätsgemeinschaft Internationaler Trainer und -berater e.V. und der GSA, der German Speakers Association.

1997 erhielt Doris Stempfle mit ihrer Firma „Stempfle Unternehmensentwicklung durch Training", die sie gemeinsam mit Lothar Stempfle und Ricarda Zartmann leitet, den BDVT-Trainingspreis in Gold für offene Seminare.

2004 bekam das Unternehmen den Internationalen Deutschen Trainingspreis in Silber für Finanzdienstleister, der vom Bundesverband der Verkaufsförderer und Trainer (BDVT) verliehen wird. Im März 2007 hat das Unternehmen den Internationalen Deutschen Trainingspreis des BDVT in Silber erhalten.

Der Mensch steht beim Thema Führung im Zentrum ihrer Handlungen. Das Wichtigste bei der Führung ist die emotionale Ebene, die von innen ausstrahlende Begeisterung für die Führungsarbeit, welche die anderen ansteckt und die über die Kommunikation zwischen der Führungskraft und seinen Mitarbeitern vermittelt wird.

„Ich vermittle meinen Seminarteilnehmern und Coaches, wie wichtig es ist, sein Gegenüber so zu nehmen, wie er nach seiner Veranlagung ist und auf dieser Basis Handlungen aufzubauen, die zielführend sind."

Bedingung für eine gute Führungsarbeit ist eine gründliche Analyse des Istzustands, ebenso wie die Definition des Weges, wie die Mitarbeiter vom Ist zum definierten Soll gelangen.

„Auf dieser Grundlage erarbeite ich das spezifische Programm für das Unternehmen und vor allem für die Führungskräfte.

Für mich ist es wichtig, keine Standardprogramme durchzuziehen, sondern individuell auf die einzelnen Personen einzugehen, um dauerhaft nachwirkende Ergebnisse zu schaffen"

Weiterentwicklung hält den Geist fit — Weiterbildung wird bei Doris Stempfle daher großgeschrieben.

Durch regelmäßige Seminarbesuche zu verschiedenen Weiterbildungsthemen und Schulungen lebt sie aktiv, was ihre innerste Überzeugung ist:

„Durch Lernen entwickeln, durch Tun gewinnen."

Stempfle Unternehmensentwicklung durch Training
Herdweg 13
74235 Erlenbach
Tel: +49 (7132) 34150 - 0
Fax:+49 (7132) 34150 - 29
E-Mail: dstempfle@stempfle-training.de
Internet: www.stempfle-training.de

Weiterführende Literatur

BERNE, Dr.med.Eric: Spiele der Erwachsenen. Rowohlt Tb, Reinbek, 9. Auflage 2002

FÖRSTER, Jens: Kleine Einführung in das SchubladenDenken. Goldmann, München 2008

FRIEDMANN, Dietmar: Die drei Persönlichkeitstypen und ihre Lebensstrategien. WBG, Darmstadt 2000

GAY, Friedbert / SEIWERT, Prof. Lothar J.: Das neue 1 x 1 der Persönlichkeit. Gräfe & Unzer, München 2004

HARRIS, Thomas A.: Ich bin o.k. Du bist o.k. Rowohlt Tb, Reinbek, 40. Auflage 2005

SCHNEIDER, Reto U.: Das Buch der verrückten Experimente. Goldmann, München 2006

SCHULZ VON THUN, Friedemann: Miteinander reden Bd. 1 – 3. Rowohlt Tb, Reinbek 2008

SIMON, Prof. Dr. Walter: Persönlichkeitsmodelle und Persönlichkeitstest, Gabal, Offenbach 2006

STEIN, Peer-Holger: Brain Cluster. W. Tümmels Buchdruckerei und Verlag GmbH, Nürnberg 1999

THOMANN, Christoph / SCHULZ VON THUN, Friedemann: Klärungshilfen. Rowohlt Tb, Reinbek, 2. Auflage 2004

URBAN, Adrian: Das große Buch der Menschenkenntnis und Charakterkunde. Weltbild, Augsburg 2003

WATZLAWICK, Paul: Anleitung zum Unglücklichsein. Piper, München, 4. Auflage 2005